Kletterbüblein und *Gefroren hat es heuer noch gar kein festes Eis* — diese Verse zählen zum klassischen Schatz deutscher Kinderpoesie, mag uns auch der Verfasser Friedrich Güll (1812—1879) heute recht ferngerückt sein. Sein inniges Verhältnis zur deutschen Sprache, vor allem zur Volkssprache und zur Mundart, und sein Formtalent haben Güll für alle Zeit aus der Menge der dichtenden Pädagogen hervorgehoben.

Als 1836 die erste Auflage, noch mit Steinradierungen von A. Gnauth, erschien, war es Gustav Schwab, der auf Rückerts und *Des Knaben Wunderhorns* Einfluß auf Güll, seine »kindliche Unbefangenheit«, sein »besonnenes Dichtertalent« verwies, und er schrieb, der vierundzwanzigjährige Autor habe es verstanden, »in seinen Versen die Lehren, die darein verflochten sind, mit so wenig Lehrermiene und so viel Laune vorzutragen ...« Doch vor allem ist es Franz Poccis Mitverfasserschaft seit der 2. Auflage 1846 zu verdanken, daß es diese *Kinderheimat* heute wieder gibt: Zu fast jedem der 75 Gedichte gab Pocci einen Holzschnitt dazu, und diese Illustrationen sind samt und sonders kleine Kunstwerke.

insel taschenbuch 111

Güll/Pocci

Kinderheimat in Liedern und Bildern

Friedrich Güll
Franz Pocci
Kinderheimat in Liedern und Bildern

Insel

insel taschenbuch 111
Erste Auflage 1975

Vertrieb durch den Suhrkamp Taschenbuch Verlag
Umschlag nach Entwürfen von Willy Fleckhaus
Satz: Libripresse Kriftel · Druck: Ebner, Ulm
Printed in Germany

Vorwort zur ersten Auflage

Wenn irgendwo die Vereinigung der Poesie mit einem Lehrzweck ihre Schwierigkeiten hat, so macht sich dies bei lyrischen Gedichten für Kinder mehr als in andern didaktischen Dichtungen fühlbar. Je unmittelbarer und unbewußter das Kind empfindet und geistig genießt, desto mehr ist scheinbare Unmittelbarkeit und Bewußtlosigkeit das unerbittlich verlangte Erfordernis eines Kinderliedes. Wie schwierig es ist, diese Forderung genügend zu erfüllen, zeigen so viele verfehlte Versuche in Poesien dieser Art, so viele mißglückte poetische Kinderschriften.

Die vorliegenden Lieder, in der Handschrift gelesen, schienen dem Verfasser dieser Zeilen, welcher sonst gerechten Anstand nimmt, fremde Gedichte mit seiner einzelnen Stimme zu bevorworten, jene Klippe so glücklich vermieden zu haben, so viel kindliche Unbefangenheit zu atmen und besonnenes Dichtertalent zu verbergen, die Lehren, die darein verflochten sind, mit so wenig Lehrermiene und so viel Laune vorzutragen, daß ihm ihr dichterischer Wert ebensowohl als ihr pädagogischer unzweifelhaft deuchte und daß er der Bitte des Verlegers diese seine Meinung, zu öffentlicher Mitteilung, nicht vorenthalten zu müssen glaubte.

Der Sänger der »*Kinderheimat*« ist ohne Zweifel durch *Rückerts* unvergleichliche Kinderlieder zum Bewußtsein seiner schönen Gabe gekommen. Diesem endlich nach Gebühr gefeierten Dichter müssen solche Resultate seiner Poesie wohltuender sein als alles Lob der Kritik.

Stuttgart, den 15. Okt. 1836

G. Schwab

Vor Weihnachten

Wenn säuseln die Windlein,
Dann schaut das Christkindlein
Zum dunkelen Fenster herein.
Da sieht es wohl hinter
Dem Vorhang die Kinder,
Und horcht, ob sie etwa nicht schrein.

Und wenn sie gehorchen,
So bringt's ihnen morgen
Viel Sachen von Zucker und Gold.
Drum legt euch zufrieden,
Dann hat es beschieden
Bis morgen früh, was ihr nur wollt.

Ein Brief vom Christkindlein

Der Vater spricht:

Wie ihr geschlafen habt heut nacht,
War's mir, als hätt's getropft
Ans Fenster; aber da hat sacht
Ein Engelein geklopft.

Oh, das war eine feine Stimm',
Wie's mich beim Namen rief:
»Da, Vater, komm herbei und nimm,
Da hab' ich einen Brief.

Den lese deinen Kindern vor,
Er ist vom heil'gen Christ.«
Drum horcht und lauscht mit leisem Ohr
Wie er geschrieben ist.

Ihr lieben, lieben Kinderlein!
Oh, seid mir ja recht fromm,
Dann leg ich euch was Schönes ein,
Wenn ich hernieder komm'.

Ihr lieben, lieben Kinderlein!
Oh, seid mir ja recht brav,
Dann leg' ich euch was Schönes ein,
Wenn ihr noch liegt im Schlaf.

Und wenn die Kinder sind im Traum,
Dann, Vater, mach mir auf,
Dann bring' ich einen großen Baum
Mit vielen Lichtern dauf.

Dem Engelein von purem Gold
Hab' ich sein Kleid gemacht,
Wie wird das flimmern wunderhold
In der stockfinstern Nacht.

Und an den Zweigen hängen rings
Von Zucker Stern an Stern,
Und goldne Nüsse rechts und links
Süß wie ein Mandelkern

Und in dem Gärtchen untendran,
Da sitzen Schaf und Lamm,
Und Küchlein, Hennen und der Hahn
Mit seinem roten Kamm.

Doch folgen dir die Kinder nicht,
Und mußt du zanken oft,
So komm ich diesen Winter nicht,
Denn ich seh's unverhofft.

Dann laß ich meinen Baum im Wald,
Und heb' die Sachen auf,
Und bringe einen Stecken halt
Und eine Rute drauf.

Kaufmann

Kommt, ihr Leute, doch herbei,
Wer nur will was kaufen!
Gute Sachen allerlei
Hab' ich hier in Haufen.

Seht, wie reichlich ausgeschmückt
Ist mein ganzer Laden,
Wie sind fest- und vollgedrückt
Kisten und Schubladen!

Wie bis oben angestopft
All die großen Fässer!
Ei, so kommt herbei und klopft,
Nirgends kauft ihr besser.

Hier ist echt Chineser Tee,
Schokolade dorten,
Und da Zucker und Kaffee
Von verschiednen Sorten.

Pfeffer, Ingwer, Nelken, Zimt
Und Muskatenblüte
Hab' ich hier, sie sind bestimmt
Von besondrer Güte.

Gerste, Sago, Nudeln, Reis,
Senf und Öl und Essig
Geb' ich auch um niedern Preis,
Und recht wacker mess' ich.

Wollet ihr für euern Tisch
Heringe, Sardellen,
Oder Stock- und andre Fisch',
Dürft ihr mir nur schellen.

Braucht ihr dann zur sauern Brüh'
Lorbeerblatt und Kapern,
Dürft ihr spät noch und schon früh
Nur am Laden klappern.

Hab' auch Gurken zum Salat,
Billige Zitronen,
Echten Arrak und Muskat,
Saftige Melonen. –

Diener, meine feinen Herrn!
Können Sie nichts brauchen?
Und ihr Bauern, die Ihr gern
Schnupfen tut und rauchen?

Hier Zigarren mancherlei,
Maryland, Havanna,
Portoriko in dem Blei
Und Louisiana.

Dorten nach dem Pfund und Lot
Knaster, Quak und Reiter,
Bestelmeyer, Oldenkott,
Stadthaus und so weiter.

Wer mag Käs'? Das ganze Pfund
Nur für zwanzig Kreuzer!
Saget, wollt ihr vom Burgund,
Oder einen Schweizer?

Außerdem empfehl' ich euch
Die Gewürzlebkuchen,
Und dergleichen süßes Zeug;
Wollt ihr's nicht versuchen?

Datteln und Johannisbrot,
Zwetschgen, Feigen, Mandeln;
Gerstenschleim und Anisbrot
Könnt ihr auch erhandeln.

Nur soll mir zum Schabernack
Von den losen Schlingeln
Keiner, ohne Geld im Sack,
An dem Laden klingeln.

Denn für solche Schelmenleut',
Die nur alles borgen,
Hab' ich keine Ohren heut',
Keine Waren morgen.

Darum sorget, eh' ihr schellt,
Und was wollt ermäckeln,
Daß ihr wacker gutes Geld
Habt in euren Säckeln.

Postknecht

Ein Postknecht will ich werden
Mit Stiefel und mit Sporn,
Dann fahr' ich mit vier Pferden
Und hab' ein goldnes Horn.

Dann kann ich traben und reiten,
Die Peitsche in der Hand,
Hinaus nach allen Seiten,
Hinein in alle Land.

Wandersmann, Baum und Quelle

Der Südwind weht, die Sonne glüht:
Der arme Wandersmann ist müd';
Ihn quält der Durst, er atmet schwer,
Und langsam schreitet er einher.

Da säuselt der Baum: »Die Luft ist schwül,
In meinem Schatten ist es kühl.
Komm, lagre dich zu süßem Traum
Hier auf des Mooses weichen Flaum.«

Die Quelle murmelt: »Es ist so heiß,
Auf deiner Stirne perlt der Schweiß,
Komm, bücke dich, und wohlgemut
Schöpf Labung dir aus meiner Flut.«

Da lagert sich der Wandrer gleich.
Der Schatten kühlt, das Moos ist weich;
Den Schweiß er von der Stirne wischt,
Die muntre Quelle ihn erfrischt.

Und frohen Herzens steht er auf,
Und rüstig weiter geht sein Lauf.
Es klingt sein Lied gar frisch und hell,
Das preist den Baum und rühmt den Quell.

Spruch

Wenn die Sonn' mit hellem Schein
Schaut so in dein Bett hinein,
Büblein, spring geschwind heraus!
Sticht dir sonst die Augen aus.

Wenn artig und fromm ist mein Kind,
Erzähl' ich vom
Hirten
geschwind.

Morgens in der Fruh
Treibt der Hirt die Kuh;
Morgens in der Frühe
Treibt er aus die Kühe:
Treibt sie über'n Steg
Auf den langen Weg;

Treibt sie von der Straßen
Auf den grünen Wasen,
Treibt sie durch die Heiden
Auf die grünen Weiden,
Treibt sie in die Schluften,
Wo die Blumen duften.

Wo die Bienen summen
Und die Hummeln brummen.
Treibt sie in den Wald,
Wo die Büchse knallt:
Pumps!

Vom Bauern und den Tauben
Darf's Büblein alles glauben.
(Auszählspruch beim Fangspiel)

Der Bauer hat ein Taubenhaus,
Da fliegen hundert Tauben raus;
Wie will er s' wieder fangen?
Wie kommt er über 'n Hügel,
Er hat ja keine Flügel,
Wie will er s' wieder fangen?

Der Bauer denkt, sie warten dort,
Und kommt er hin, husch, sind sie fort,
Und lassen sich nicht fangen.
Das Bäuerlein muß schnaufen

Entsetzlich von dem Laufen,
Und kann sie doch nicht fangen.

O Bäuerlein, geh nur nach Haus,
Sonst lachen dich die Tauben aus,
Die sich nicht lassen fangen.
Sie sind daheim und zupfen
Die Federn sich und hupfen
Auf einer langen Stangen.

Bleisoldaten

Schnettere däng däng, ihr Soldaten,
Auf von eurem Schlaf!
Heute müßt ihr zur Paraden,
Und euch halten brav.

Rum bidi bum, ihr Tambour', schlaget,
Daß die Trommel gellt!
Heute heißt es: »Brüder waget,
Denn es geht ins Feld.«

Ihr Gemeinen und Gefreiten,
Stellt euch in das Glied,
Die Muskete an der Seiten,
Eh' der Feind entflieht.

Korporäle und Feldwebel,
Wie ihr's seid gewohnt:
Zieht vom Leder euren Säbel,
Richtet brav die Front.

Und ihr Herren Offiziere,
Seid mir nicht zu barsch,
Wenn ich laut nun kommandiere:
»Feldschritt, vorwärts marsch!«

Schnell voraus, ihr Zimmerleute,
  Mit dem blanken Beil
Und dem langen Bart; o Freude,
  Wie das geht in Eil'!

Und im Gold- und Silberglanze
  Zieht im Augenblick
Schon an mir vorbei die ganze
  Türkische Musik.

Mit den Flöten und Klar'netten
  Und mit Hörnerschall;
Mit Posaunen und Trompeten
  Und mit Paukenhall.

Wie das Glockenspiel sich schwinget
  Kling, kling, kling, kling, kling,
Wie so hell der Halbmond klinget
  Und der Tambourring.

Ihnen folgen dann die Schützen
  Trefflich auserkorn,
Mit den Stutzen und den Büchsen
  Und dem Pulverhorn.

Und die schlanken Grenadiere
  Mit dem roten Busch;
Und danach die Füsiliere
  Wie mit einem Husch!

Und wie weht in schönen Farben
  Die Standart' im Wind,
Der von mancher Kugel Narben
  Eingeschossen sind.

Aber jetzt und mit Geschmetter
  Nahn im Jubelton
Die Kavallerie-Trompeter
  Auf den Pferden schon.

Ihnen nach auf leichten Rossen
  Im gestreckten Trab,
Von Staubwolken eingeschlossen
  Kommt der ganze Stab.

Marschall Vorwärts in der Mitten
  In dem vollsten Glanz;
Ehrerbietig nachgeritten
  Kommt die Ordonnanz.

Links und rechts die Adjutanten
  Fliegen wie ein Pfeil:
Den Befehl dem Kommandanten
  Bringen sie in Eil.

Und nun zieht vorbei das ganze
  Schöne Regiment,
Das man schon an seinem Glanze
  Vor den andern kennt.

Nun, ihr Brüder, schlaget alle
  Brav und haltet Stand,
Frisch hinein, und jaget alle
  Feinde aus dem Land.

Ganz anders aber hat's gemacht
Der Reiterhänschen,
daß ihr lacht.

Der Hänschen möcht' ein Reiter sein,
Er möcht' 'nen Gaul, hat leider kein',
Nun sitzt er auf dem Balken,
Und heißt ihn seinen Falken.

Der Hänschen möcht' ein Reiter sein,
Er möcht' 'nen Helm, hat leider kein',
Nun setzt er auf den Kübel,
Der steht ihm gar nicht übel.

Zu teuer sind die Federbüsch',
Da nimmt er einen Flederwisch,
  Und steckt ihn auf bedächtig,
  Das sieht von weitem prächtig.

Noch hat er Spieß und Sabel nicht,
Da sagt er: »Meine Gabel sticht,
  Die taugt wohl auch zum Fechten,«
  Und schwingt sie in der Rechten.

Nun hat er noch kein Feuerrohr,
Das kommt ihm auch zu teuer vor,
  Da schnitzt er flink und munter
  Die Büchse von Holunder.

Auch hat er weiter keinen Sporn,
Da steckt in Schuh er einen Dorn,
  Und stachelt mit und stupfet,
  Und denkt, sein Rößlein hupfet.

Und immer schreit er: »Hopp hopp hopp!
Jetzt, Rößlein, Trab, und dann Galopp!«
  Der Balken aber leider
  Geht keine Spanne weiter:

Macht keinen Tritt und keinen Trott,
Versteht nicht einmal wüst und hott.
  O weh, du armer Ritter,
  Das ist doch gar zu bitter.

Und ewig, ewig ist es schad,
Wärst so ein wackerer Soldat,
  Und kannst kein Rößlein kaufen,
  Und mußt zu Fuß nun laufen.

Büblein, wirst du ein

Rekrut,

Merk dir dieses Liedchen gut.

Wer will unter die Soldaten,
Der muß haben ein Gewehr,
Das muß er mit Pulver laden
Und mit einer Kugel schwer.

Der muß an der rechten Seiten
Einen scharfen Säbel han,
Daß er, wenn die Feinde streiten,
Schießen und auch fechten kann.

Einen Gaul zum Galoppieren,
Und von Silber auch zwei Sporn',
Zaum und Zügel zum Regieren,
Wenn er Sprünge macht im Zorn.

Einen Schnurrbart an der Nasen
Auf dem Kopfe einen Helm.
Sonst, wenn die Trompeter blasen,
Ist er nur ein armer Schelm.

Will sehen, was ich weiß

Vom Büblein auf dem Eis

Gefroren hat es heuer
Noch gar kein festes Eis.
Das Büblein steht am Weiher,
Und spricht so zu sich leis':
»Ich will es einmal wagen,
Das Eis, es muß doch tragen.«
Wer weiß?

Das Büblein stampft und hacket
Mit seinem Stiefelein.
Das Eis auf einmal knacket,
Und krach, schon bricht's hinein.

Das Büblein platscht und krabbelt
Als wie ein Krebs und zappelt
Mit Arm und Bein.

O helft, ich muß versinken
In lauter Eis und Schnee,
O helft, ich muß ertrinken
Im tiefen, tiefen See.
Wär' nicht ein Mann gekommen,
Der sich ein Herz genommen,
O weh!

Der packt es bei dem Schopfe
Und zieht es dann heraus,
Vom Fuße bis zum Kopfe
Wie eine Wassermaus.
Das Büblein hat getropfet,
Der Vater hat geklopfet
Es aus,
Zu Haus.

Kletterbüblein

Steigt das Büblein auf den Baum,
Oh, so hoch, man sieht es kaum!
Schlüpft
Von Ast zu Ästchen,
Hüpft
Zum Vogelnestchen,
Ui!
Da lacht es,
Hui!
Da kracht es,
Plumps, da liegt es drunten.

Frisch auf!

Sei wacker und sei fleißig,
Bald sind es zweimal dreißig,
Bald klopft der Tod an deine Tür,
Drum halte fein dich reisig.

Willst du dich der Ernte freuen?
Gott beschert den Samen,
Redlich mußt du aus ihn streuen,
Und Er spricht das Amen.

Dein Herz ist auch ein Acker,
Der Ackermann bist du,
Pflüg ihn und pfleg ihn wacker,
Gott gibt den Segen dazu.

Auszählspruch zum Verstecken

Wir wollen uns verstecken
In ein, zwei, drei, vier Ecken.

Wir wollen uns verkriechen
Auf fünf, sechs, sieben Stiegen.

Wir wollen niederkauern
An acht, neun, zehen Mauern

Und wollen uns nicht rühren,
Wenn wir den Häscher spüren.

Und sollt's ihn auch verdrießen,
Lang wird er suchen müssen.

Der uns wird aber finden,
Ist neben dir dahinten.

Zum neuen Jahre

Ein kleines Büblein bin ich,
Drum wünsch' ich kurz und innig
Ein glückliches Neujahr.
Und was dich freut, das weiß ich,
Wenn brav ich bin und fleißig,
Mehr, als ich sonst es war.
Gesundheit, Freude, Frieden
Sei dir von Gott beschieden
Wie heut, so immerdar.

Am Morgen

Ich tu' die hellen Augen auf
Und schau, o Gott, zu Dir hinauf.

Du hast mich in der dunklen Nacht
Sanft schlafen lassen und bewacht.

Behüte mich auch diesen Tag,
Daß mich kein Übel treffen mag,

Und wirst du gnädig bei mir sein,
So bin ich Dein, so bleib' ich Dein.

Putzladen

Ich glückliches Mädchen
Hab' nun ein Putzlädchen,
Das hat mir heut nacht
Das Christkindlein bracht.

An die gläserne Türe
Sind genagelt die Schnüre,
Dran häng' ich zum Kauf
Das Herrlichste auf.

Hier Fransen und Borten
Von allerhand Sorten,
Wie Ihr sie nur wollt,
Von Silber und Gold.

Dort seidene Litzen
Und flandrische Spitzen,
Die breit und die schmal
Nach beliebiger Wahl.

Hier Damenchemisetten,
Dort Herrenmanschetten,
Wie Schnee so schön weiß,
Zum billigsten Preis.

Geflocht'ne Braceletten,
Gehäkelte Ketten
Von Seiden und Haar,
Gar kostbar und rar.

Hier Mäntel und Kleider,
Vom kunstreichen Schneider,
Dort buntes Filet,
Gar niedlich und nett.

An den messingnen Schrauben
Hängen Hüte und Hauben,
Gewirkt und gestickt
Und mit Blumen geschmückt.

Und nun in den Kästchen
Sind Gimpen und Quästchen,
Und Bänder dazu
Für Schürzen und Schuh'.

Auch Wolle zum Stricken
Und Seide zum Sticken:
Gelb, rot, braun und blau,
Weiß, schwarz, grün und grau.

Nun kommt, es zu schauen,
Ihr Mädchen und Frauen,
Und kauft euer Teil,
Denn alles ist feil.

Zuckerladen

Kommt nur herbei, ihr Leut',
Gute War' hab' ich heut.
Zucker und Honigseim,
Bonbons und Gerstenschleim,
Lebkuchen, Pfeffernuß,
Rosinen, Zwetschgenmus,
Quitten, Johannisbrot,
Biskuit und Anisbrot,
Weinbeer' und Zitronat,

Konfekt und Schokolad',
Schifflein und Zuckerstern',
Feigen und Mandelkern',
Datteln und Hutzelbrot,
Ei, so versucht ein Lot,
Hier kauft ihr alles echt,
Was ihr nur haben möcht'.

Um den Herd herum die Köchin springt
Und singt ein Lied, das komisch klingt.

Was soll ich denn kochen?
's ist alles zerbrochen.
Das Maß
Und die Pfanne,
Das Glas
Und die Kanne –
Und was ich will kaufen?
Es kost't einen Haufen:
Der Weck
Und der Fladen,
Der Speck
Und der Braten,
Das Salz
Und das Mehl,
Und das Schmalz
Und das Öl,
Und die Eier
Und Feuer
Sind heuer
So teuer!
Und krieg' keinen Lohn –
Ich lauf' noch davon!

Lied vom feinen Mädchen

Ich bin ein feins Mädchen,
Kann drehen das Rädchen,
Kann stricken
Die Maschen,
Und flicken
Die Taschen.
Kann nädeln
Und putzen,
Und fädeln

Und stutzen,
Kann singen
Und springen
Und braten und kochen
Das Fleisch und die Knochen.

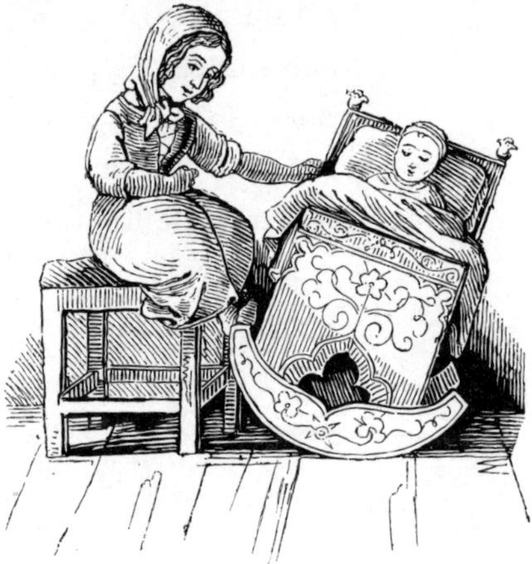

’s Schwesterlein

wiegt, wenn ’s Brüderlein liegt.

Bitt’ dich recht schön, gute Wiegen,
Laß mein Büblein ruhig liegen.

Weck ’s nicht auf vom Schlummer,
Hab sonst einen Kummer,

Wirf ’s nicht auf die Seit’,
Sonst hab’ ich ein Leid.

Wirf mir 's nicht herunter,
Sonst wird 's wieder munter,

Wirf mir 's nicht heraus,
Daß 's kann schlafen aus.

Das Mädchen steht im Kabinett
Und legt sein Döckchen fein ins Bett!

Komm her, mein liebes Döckchen,
So niedlich und so nett,
Ich zieh' dir aus dein Röckchen
Und leg' dich jetzt ins Bett.

Mein allerliebstes Täublein!
Für deinen Federhut
Setz' ich dir auf ein Häublein,
Es steht dir gar zu gut.

Der Strohsack ist gerüttelt,
Das Leintuch frisch und fein,
Die Federn sind geschüttelt,
So, steige nur herein.

Da stehn die grünen Schleicher,
Die sind dir zugedacht,
Wenn morgen früh der Zeiger
Hinweist auf halber acht. –

Jetzt wirst du nichts mehr brauchen,
Ich zieh' den Vorhang zu.
Ei, schließest schon die Augen?
Wünsch' angenehme Ruh'!

Und wirst du ruhig schlafen,
Wünsch' ich dir einen Traum
Vom Pelzemärtelshafen
Und vom Christkindleinsbaum.

Spruch

von der Glocke und von der Uhr

Es schlägt die Glocke Kling und Klang!
Du Knab', die Stunden sind nicht lang,
Du Knab', die Stunden fliehen schnell,
Sei du ein fleißiger Gesell!

Wer träg und faul die Zeit vertut,
Der borgt zuletzt sein'n Schuh und Hut.
Und hat er Hunger, hat er Durst:
Ihm fehlen Bier und Brot und Wurst.

Mit ihrem Ticktack spricht die Uhr:
Mein Kind, du lebst ein Weilchen nur,
Ein jeder neue Stundenschlag
Gemahnt dich an den letzten Tag.
Von deiner Wiege bis zum Grab
Ist kurz der Weg, dies merk dir, Knab'!

Die Uhr

hier, ohne Zeiger und ohne Zifferblatt,
kann dir doch pünktlich sagen,
wieviel 's geschlagen hat.

Die Sonne sinkt,
Der Vollmond blinkt;
Nun schließt der Bauer Stall und Scheun',
Denn auf dem Turme schlägt es neun.

Und nah und fern
Glänzt Stern an Stern.
Jetzt wollen wir zu Bette gehn,
Denn auf dem Turme schlägt es zehn.

Wer in dir ruht,
Gott! schläft so gut;
Dem Kranken auch zum Schlummer helf',
Denn auf dem Turme schlägt 's schon elf.

Die Fledermaus
Kriecht in ihr Haus,
Die Eulen heulen und die Wölf',
Denn auf dem Turme schlägt es zwölf.

Das Mäuslein schlüpft
Herum und hüpft,
Sonst aber rührt und regt sich keins,
Denn auf dem Turme schlägt es eins.

Der Wächter schreit
Schon lange Zeit
Und bläst ins Horn nach jedem Schrei,
Denn auf dem Turme schlägt es zwei.

Jetzt fängt der Hahn
Zu krähen an
Und weckt den Bauern frank und frei,
Denn auf dem Turme schlägt es drei.

Nun macht der Knecht
Den Pflug zurecht
Und spannt daran den starken Stier,
Denn auf dem Turme schlägt es vier.

Das Posthorn schallt,
Der Fuhrmann knallt,
Der Handwerksbursch zieht an die Strümpf',
Denn auf dem Turme schlägt es fünf.

Die Mutter sagt
Zur muntern Magd:
Flink zu den Kindern hin und weck s'
Denn auf dem Turme schlägt es sechs.

Dann bring den Tee
Und den Kaffee,
Doch nichts bekommt, wer liegenblieben,
Denn auf dem Turme schlägt es sieben.

Rasch auf vom Stuhl
Und in die Schul',
Und lernet brav und gebt fein acht,
Denn auf dem Turme schlägt es acht.

Kommt her und seht! O weh, o weh!
Wie übel geht's dem
Mann von Schnee

Schneemann dort am Gartenzaune
Hat gar eine üble Laune.
Steht er da voll Trutz und Groll,
Weiß nicht, was er reden soll.
Und die Sonne blinkt und blitzt,
Daß er wie ein Kranker schwitzt.

Weil der Himmel ist so blau,
Ärgert er sich braun und grau;
Weil die Wiesen werden grün,
Ärgert er sich schmal und dünn.
Schneemann ist in großer Not,
Denn es winkt ihm schon der Tod.
Noch ein Schnapper, noch ein Schnauf,
Und er steht nicht wieder auf.
Kommen dann die schwarzen Raben,
Seine Leiche zu begraben.
Und Schneeglöcklein will vor Freuden
Ihm die Sterbeglocke läuten.
Und die Lerch' vor allen Dingen
Ihm ein Schlummerliedchen singen.
Aber wo ist er zu finden?

Vornen nicht und auch nicht hinten.
Freilich, weil ihm ganz zerbrochen
An der Sonne seine Knochen,
Weil zu Wasser er zerronnen
An dem Glanz der goldnen Sonnen.
Kommt der Storch dazugeflogen
Und die Schwalbe hergezogen,
Fragen nach dem toten Mann,
Niemand von ihm sagen kann:
Wälzt der Storch mit seinem Bein

An den Zaun hin einen Stein;
Und die Schwalbe mit dem Schnabel
Schreibt darauf die ganze Fabel:
Hier liegt Einer, der im Leben
Weiter keinen Taug gegeben;
Der sich faul und sehr verstockt,
Lebenslang daher gehockt;
Und damit er doch nicht länger
Bleiben soll ein Müßiggänger
Und ein Griesgram und ein Hasser,
Schmolz der Frühling ihn zu Wasser;
Und damit will er begießen
All die Blumen auf den Wiesen,
Daß sie weiß und gelb und grün
Euch zur Lust und Freude blühn.

Ein Märchen, und das merkt euch fein,
Vom Bauern und Riesentöchterlein.

Es geht das Riesentöchterlein
Hinunter in das Tal,
Und ihre Schritte sind nicht klein
Fünfzig von uns zumal.

Es hat das Riesentöchterlein
Just an den neuen Schurz,
Dran mögen hundert Ellen sein,
Und fast ist er zu kurz.

Es kommt das Riesentöchterlein:
  Da steht mit Gaul und Pflug
Der Bauer stutzig an dem Rain,
Und schaut und wird nicht klug.

Und husch, das Riesentöchterlein
  Ist eben gar nicht faul,
Es kramt in seinen Schurz hinein
  Den Bauern samt dem Gaul.

Es läuft das Riesentöchterlein
  Nun noch einmal so frisch,
Und packt den Bauern bei dem Bein
Und stellt ihn auf den Tisch.

Hei! lacht das Riesentöchterlein,
  Du, Vater, schau den Spaß,
Mit diesem will ich spielen fein
  Und ohne Unterlaß.

Der Vater spricht: »Mein Töchterlein,
  So tust du gar nicht wohl,
Der Bauer muß im Felde sein
  Und bauen Korn und Kohl.

Und wär', mein liebes Töchterlein,
Zum Spiel der Bauer bloß,
Du würdest nicht gewachsen sein
Wie ich, so stark und groß.«

Da springt das Riesentöchterlein
Hinunter in das Tal,
Und läßt den Bauern Bauer sein;
Und merkt 's ein ander Mal.

Spruch

Wer zu Tische geht,
Sprech ein Tischgebet
Wer sich früher setzt,
Wird nicht ganz geletzt.
Wer's vergessen hat,
Wird gewiß nicht satt.

Mein Büblein, sei nur fröhlich,
Vom
Daumenlang
erzähl' ich.

Kleiner Däumling, kleiner Däumling!
Bist kaum eine Spanne lang,
Ei, wie kurz sind deine Füße,
Und wie wackelnd ist dein Gang.

Kleiner Däumling, kleiner Däumling!
Hast ein gar so kleines Haus,

Größer nicht, doch noch viel kleiner
Als 'ne Falle für die Maus.

Kleiner Däumling, kleiner Däumling!
Bist doch gar so dockennet,
Fünfzehn oder zwanzig Federn,
Mehr sind nicht in deinem Bett.

Kleiner Däumling, kleiner Däumling!
Macht dich Durst und Hunger matt,
Schnabulierst und pokulierst du,
Daß kein Mücklein gnug dran hat.

Kleiner Däumling, kleiner Däumling!
Hast gar einen kleinen Hut,
Größer nicht, doch noch viel kleiner
Als des Schneiders Fingerhut.

Kleiner Däumling, kleiner Däumling!
Hast so einen kleinen Schuh,
Größer nicht, nein, nein viel kleiner
Als der kleinste Dockenschuh.

Kleiner Däumling, kleiner Däumling!
Mach nur nicht zu groß den Tritt,
Daß ich, wenn ich recht tu' laufen,
Auch noch halten kann den Schritt.

Vier Sprüche,

nur für solche Kind',

die grob und gar nicht höflich sind.

Wer auf dem Kopf hat einen Hut,
Dem steht er noch einmal so gut,
Wenn er ihn oft herunter tut.

Wer seine Mütz' trägt auf dem Kopf
Wie angewachsen an dem Schopf,
Der heißt mit Recht ein grober Knopf.

Die Knaben haben alle *Hauben*,
Als wie die Gögger und die Tauben,
Und wo ein Hahn vorüberrennt,
Da macht er stets ein Kompliment,
Das sollen auch die Knaben
In ihren Hauben haben.

Die Buben haben alle *Kappen*,
Das ist ihr Schild und auch ihr Wappen.
Das Wappen prägt das Sprüchlein ein:
Ihr Buben sollt hübsch höflich sein.

Nun höret einmal, doch fürchtet euch nicht,
vom
Pelzemärtel
die ganze Geschicht'.

Es wird schon finster um und um. –
Der Pelzemärtel geht herum
Und sucht nun auf die Kinder.
Da will ich sehen, wie's euch geht,
Wenn er vor unsrer Türe steht
Und schaut ins Eck so hinter!

Doch seid nicht bang und nicht besorgt,
Ihr habt ja immer gern gehorcht,
Das soll euch nicht gereuen.
Stellt euch nur um den Vater her;
Und brummt er wie ein alter Bär,
Er wird euch doch erfreuen.

Doch horcht, was schlurft denn vor dem Haus?
Ich meine gar, jetzt ist er draus,
Und streift sich ab die Füße.
Da hör' ich so ein Knick und Knack,
Das ist gewiß der weite Sack
Voll großer, welscher Nüsse.

Es schellt und gellt, das Haus geht auf;
Er geht die Stiege schon herauf
Mit seinen großen Socken.
Das kollert,
Und bollert,
Das holpert
Und stolpert,
Doch seid nur nicht erschrocken.

Die Kinder schauen
Voll Angst und Grauen
Und wagen keinen Schnauf.
Pelzmärtel trappt,
Die Klinke klappt,
Die Stubentür geht auf.

Da steht er denn im Zottelrock
Mit einem ungeheuern Stock
Und hat von fürchterlicher Art
Gar einen langen, langen Bart;
Schleppt auch zwei Säcke mit sich her,
Den einen voll, den andern leer,
Der ist geschnallt in seinen Gurt;
Jetzt aber murmelt er und schnurrt:

Weil in die Stuben
Ich zu dir komm',
Sag', sind die Buben
Auch brav und fromm?
»Kann sie loben!«
Sitzen sie am Schreibetisch
Immer fleißig, immer frisch?
Sitzen sie in ihrer Schul'
Oben auf dem ersten Stuhl?

»Alle droben!«
Führen die Mädchen
Nadel und Fädchen?
Stricken sie,
Flicken sie?
Sind sie zu der Arbeit flink
Auf der Mutter ersten Wink?
Hören sie in einem fort
Auf des Vaters erstes Wort?

»Sie hören gern und gehorchen
Und machen uns wenig Sorgen!«

Plumps,
Da tut's einen Fall,
Pumps,
Da tut's einen Knall;
Offen ist der große Sack,
Und da geht es: knack, knack, knack,
Und die Nüsse
Kriegen Füße,
Rudeln
Und hudeln
Da hinaus
Und dort hinaus
Und wackeln die ganze Stube aus.

Und die Kinder
Springen hinter
Und packen
Und sacken
Und haschen
Und klauben
In Taschen
Und Hauben.
Das freut den Pelzemärtel sehr
Und sagt: »Nun geb' ich euch noch mehr«,

Und wirft auch noch in jedes Eck
Einen großen, großen Märtelsweck,
Bestreut mit Zucker und Mohn,
Und spricht mit freundlichem Ton:
Fürchtet euch nicht
Vor meinem Gesicht,
Bin jedem Kinde gut,
Das nichts Böses tut.
Gebt mir eine Patsch!
Platsch,
Das freut mich heut,
Ihr kleinen Leut'.

Nun Kinder, seid mir ja recht fromm,
Dann bring' ich, wenn ich wieder komm',

Daß ihr euch verwundert,
Nüsse, mehr als hundert,
Und einen Weck, so groß wie ich,
Ade, ihr Kinder, denkt an mich.«

Nun rollt es
Und trollt es
Die Stiegen hinunter,
Wollt' einer erschrecken
Und sich verstecken,
Es wär' kein Wunder.

Wer aber brav ist ohn' Unterlaß,
Dem ist das alles nur ein Spaß.
Der fürchtet nicht den Zottelrock
Und nicht den ungeheuren Stock.

Der zappelt nicht
Als wie ein Fisch,
Und krabbelt nicht
Gleich unter den Tisch.
Der kann sich auf den Märtel freuen,
Den alle bösen Kinder scheuen.

Wenn 's Büblein will hochmütig werden,
Erzählt man ihm von den
vier Pferden.

In einer Herberg' sind geblieben
Vier Pferde einmal über Nacht.
Ins Fremdenbuch sind sie geschrieben,
Daß mancher noch darüber lacht.

»Ich heiße Roß, und mein Herr Reiter
Ist hochgeadelt, wie ich bin!«
So schreibt das erste, und trabt weiter
Mit übermüt'gem, stolzem Sinn.

»Ich heiße Pferd und hab' gezogen
Die Kutsche lang von Ort zu Ort!«
So schreibt das zweite auf den Bogen
Und steigt hoffärtig weiter fort.

»Ich heiße Gaul und zieh' den Wagen
Und denk', ich bin ein rechter Gaul!«
So schreibt das dritt', und bis zum Magen
Hinunter hängen läßt er 's Maul.

»Ich zieh' den Pflug und heiße Klepper
Und bin ein vielgeplagtes Tier,
Man läßt mich alten, kranken Schlepper
Verhungern und verdursten schier.«

So schreibt das vierte und geht weiter.
Die andern haben ihren Spott.
»Laß nur nicht fallen deinen Reiter«,
So schreien sie: »Rößlein, hott, hott!«

Der Gastwirt steht an seinem Gucker,
Schaut bald ins Buch und bald hinaus.
»Du Klepper bist ein armer Schlucker,
Doch lachst du bald die andern aus.

Wie dir's jetzt geht, wird's auch noch werden
Mit diesen Toren dumm und stolz,
Daß sie nicht gleichen mehr den Pferden,
Die man für Kinder schnitzt aus Holz.

Dann wirst du stehn an meiner Bahren
Und essen still dein Gnadenbrot,
Sie aber wird in späten Jahren
Die Peitsche treffen und die Not.«

Und wie der Wirt ins Buch geschrieben,
So bricht herein die arge Not.
Sie sind am Wege liegenblieben,
Doch dieser ißt sein Gnadenbrot.

Gaul und Peitsche

Es steht im Stall der Herberg' faul
Der abgezäumte Fuhrmannsgaul,
Die Peitsche hängt am Nagel dort,
Die schnarcht er an mit barschem Wort:
»Wie schrecklich hast du mich geschlagen,
Als ich gespannt war an den Wagen,
Mein Hals und Rücken haben Striemen
So lang und breit wie Sattelriemen,
Ich will's nur sagen kurz und deutsch:
Du bist die allergröbste Peitsch'!«

Die Peitsche spricht: »Bist jung und stark,
Hast feste Knochen, gesundes Mark,
Da mußt du wie ein Füllen laufen
Und darfst nicht wie ein Klepper schnaufen.
Und merkst du das, werd' ich den ganzen
Tag nicht auf deinem Rücken tanzen.«

Drauf hat der Gaul es über Nacht
Wohl überlegt und überdacht,
Und zog am andern Tag den Wagen
So schnell, daß man es nicht kann sagen.
Da ging es über Tal und Hügel,
Als wären ihm gewachsen Flügel.
Die Peitsche ließ ihn jetzt in Ruh,
Und knallte nur den Takt dazu.

Spruch von der Kirche

Umsonst hat der Maurer die Kirch' nicht gebaut,
Die mit den Türmen zum Himmel aufschaut.
Die sollen und wollen mit Orgel und Glocken
Zum lieben Herrgott die Kinderlein locken.
Drum denkt, wenn von ferne die Glocken man läut't:
Jetzt ist es zum Singen und Beten wohl Zeit.

Vom Kühlein auf der Wiesen –
Horch, 's wird dich nicht verdrießen.

Muh, Kühlein, muh!
Kühlein hat keine Schuh'.
Mit bloßen Füßen steht es
Im Stall, und nackend geht es
Spazieren auf der Fluh.

Muh, Kühlein, muh!
Kühlein hat keine Schuh'.
Drum braucht es keine Muster
Und braucht auch keinen Schuster,
Und läßt ihn wohl in Ruh.

Muh, Kühlein, muh!
Kühlein hat keine Schuh'.
Mein Kindlein und die Docken,
Die brauchen aber Socken
Und Stiefeln noch dazu.

Wie die Kinder über

's Böcklein

schelmisch lachen und sich übers Zottelröcklein lustig machen.

Du Schäckerer,
Du Meckerer,
Hast gar ein zottlig Kleid.
Nicht neu, nicht alt,
Nicht warm, nicht kalt,
Nicht eng und auch nicht weit.
Da spricht der Bock:
»Mein Zottelrock,
Der ist mir zehnmal lieber
Als ein Gewand
Von allerhand
Tuch, Sammet oder Bieber.

Er reißt mir nicht
Und schleißt mir nicht
Und kommt nicht aus der Mode.
Ich trag' ihn von
Geburt an schon
Und trag' ihn bis zum Tode.

Ob ihr auch lacht,
Er ist gemacht
Mir doch zu einem Putze.
Ich schäm' mich nicht
Und gräm' mich nicht,
Und trag' ihn euch zum Trutze.

Abendgebet

Die Sonne hat uns gute Nacht gegeben,
Die Schafe ziehen heim ins stille Haus,
Kein Vogel mag den Flügel mehr erheben,
Sie schlafen alle, und ihr Lied ist aus.
Nun leg' auch ich mich hin zur Ruh',
Und schließ' die müden Augen zu.
Ich bin noch schwach, ich bin noch klein,
Du guter Gott wirst bei mir sein;
Dann fürcht' ich nicht die finstre Zeit,
Ich weiß, mir widerfährt kein Leid.
Dann träum' ich, was auch kommen mag,
Von einem schönen, goldnen Tag.

Vom Hund

Der Hund an seiner Kette
  Liegt da die ganze Nacht,
Ihm ist kein warmes Bette
  Wie euch zurechtgemacht.

Hat keinen Schlaf und Schlummer
  Und drückt kein Auge zu,
Wenn ohne Leid und Kummer
  Der Müller schläft in Ruh'.

So ist er auf der Lauer,
  Ein Wächter brav und treu;
Ihn schreckt kein Regenschauer,
  Ihn macht kein Wetter scheu.

Und während ohne Sorgen
  Sein Herr, der strenge, ruht,
Da wacht er bis zum Morgen,
  Und hält sein Gut in Hut.

Er bellt und rührt sich wacker,
  Hört er nur einen Laut,
Und bleckt die scharfen Hacker,
  Wenn einer her sich traut.

Und steigt gar auf die Mauer
  So ein verstohlner Dieb,
Da spricht er ohne Schauer:
»Ist dir dein Leben lieb,

So mach nicht auf den Riegel,
  Und tu nicht auf das Tor;
Sonst pack' ich dich beim Flügel
  Und schüttle dich beim Ohr.«

Und ruht nicht eher wieder,
Bis sauber ist der Ort;
Dann reckt er seine Glieder,
Und murrt in einem fort.

Doch Morgens in der Frühe
Stellt sich der Hunger ein;
Da soll für seine Mühe
Ihm auch ein Frühstück sein.

Drum springt die Magd zum Keller
Und bringt ihm Brot und Milch
Und brockt es in den Teller
Und stellt's ihm hin gutwillig.

Und wie sie ihn so streichelt,
Das freut den wackern Hans;
Er schmunzelt und er schmeichelt,
Und wedelt mit dem Schwanz.

Und stellt sich auf die Socken
Und macht sein Kompliment,
Dann schlingt er erst die Brocken –
Das ist des Liedes End'.

Merk auf, mein Schätzchen,
Was ich weiß
Vom
Schmunzelkätzchen
und
Bullenbeiß.

Das Kätzlein sitzt vor dem Haus
Und putzt sich die Augen aus;
Streicht dabei zierlich und zart
Ihren schönen, weißen Bart,
Daß er sich nicht runzelt;
So sitzt 's da und schmunzelt.
Kämmt sich auch ganz nach der Mode
Mit ihrer rosenfarbigen Pfote;
Und ihr hüpfendes Schwänzlein
Tanzt dabei ein lustiges Tänzlein.
Dann krümmt sie den Rücken
Und kauert nieder,
Fängt Schnaken und Mücken
Und lauert wieder.
Tappt
Mit seinem Tätzchen
Und schnappt
Nach einem Spätzchen.
Schnurrt

Und surrt
Wie einem Spinnmädchen
Sein Spinnrädchen
Oder wie einer Hummel
Ihr Gebrummel.
So gemütlich sitzt sie
Auf dem Stein,
Und die Ohren spitzt sie
Oft und fein.
Wie sie aber so gähnt,
Und sich so dehnt,
Kommt auf einmal aus dem Haus
Der Bullenbeiß heraus,
Gesprungen wie ein Gaul
Mit einem entsetzlichen Maul,
Und bleckt die Zähne zum Schaudern.
Das Kätzlein sieht's und will nicht zaudern,
Und will sich verstecken
In einer Ecken.
Aber der Bull fängt an zu bellen,
Daß ihr die Ohren gellen,
Daß ihr Hören und Sehen
Und alle Sinnen vergehen.
Der Bullenbeiß schreit: Wu, wu!
Das Kätzlein bleibt in Ruh.
Er bellt noch mal: Wu, wu!

Kätzlein sagt nichts dazu.
Der Bullenbeiß schreit: Hoho!
Kätzlein macht's wieder so.
Der Bullenbeiß schreit: Hau, hau!
Das Kätzlein munzt: Miau!
Und krümmt ihren Buckel
Wie eine borstige Suckel.
Ihre Augen funkeln
Wie zwei Kohlen im Dunkeln.
Fängt auch mit Schnauz' und Nasen
Erschrecklich an zu blasen.
Nun hält sie bereit zum hitzigen
Gefecht die Krallen, die spitzigen,
Und wie er wieder bellt,
Sitzt sie auf seinem Nacken
Und zwickt und zwackt und krällt
Mit ihren scharfen Hacken.
Und dem Bullenbeiß
Wird's so schwül und heiß,
Daß er nimmer weiß,
Wo hinaus
Und wo heraus.
Er schüttelt sich
Und rüttelt sich:
Nützt nichts.
Er schnappt

Und schnauft,
Er trappt
Und lauft:
Schützt nichts,
Denn das zornige Kätzlein
Schwingt noch immer sein Tätzlein.
Hält ihn wacker fest beim Schopf,
Und zaust noch tapfer seinen Kopf;
Bis er bittelt und bettelt,
Und endlich ganz
Demütiglich wedelt
Mit seinem Schwanz.
Da springt das Kätzlein herunter
Auf den Stein
Und sagt: Jetzunder
Laß ich's sein;
Hat auch weiter keinen Trutz,
Und macht sich wieder zurecht den Putz.
Das Kätzlein schnurrt und surrt,
Der Bullenbeiß murrt und knurrt
Und denkt in seinem Sinn:
»Da geh' ich nimmer hin.
Das Kätzlein hat scharfe Krallen,
Die haben mir nicht gefallen.
Nun will ich sie nimmer anbellen,
Dann wird sie auch nimmer krällen.«

Jetzt kommt der Metzger heraus
Und lacht ihn brav aus.
Legt ihm einen Strick
Um sein Genick,
Und jagt ihn ins bretterne Haus. –
So geht die Geschichte aus.

Der Jäger und der Fuchs

Der Jäger pirscht mit seiner Büchs',
Da schleichen übers Feld die Füchs'.

Er fackelt nicht und spannt den Hahn,
Und legt die Büchse sicher an.

Piff, paff! da prasseln hin die Schrot',
Und pumps — der alte Fuchs ist tot.

Der Jäger spricht: »He, Feldmann, flugs
Nun apportiere mir den Fuchs!«

Der Feldmann sucht mit seiner Schnauz'
Und hat ihn schon, den alten Kauz.

»Du hast gerupft so manche Gans,
Jetzt zaust man dich bei deinem Schwanz.

Du hast geschüttelt manchen Hahn,
Jetzt packt man dich beim Kragen an.

Du hast gefressen manche Taube,
Jetzt sitzen wir dir auf der Haube!« —

So schleppt ihn Feldmann hin zum Herrn,
Der streichelt ihn und hat ihn gern

Und sagt: »So, Feldmann, das war gut!«
Geht weiter dann mit frohem Mut.

Und steckt den Fuchsen in den Sack
Und schmaucht sein Pfeiflein Rauchtabak.

Spruch

Wenn die Kinder schlafen ein,
Wachen auf die Sterne,
Und es steigen Engelein
Nieder aus der Ferne;
Halten wohl die ganze Nacht
Bei den frommen Kindern Wacht.

Häslein

Unterm Tannenbaum im Gras
Gravitätisch sitzt der Has',
Wichst den Bart und spitzt das Ohr,
Duckt sich nieder, guckt hervor,
    Zupft
  Und leckt sich,
    Rupft
  Und reckt sich,
Endlich macht er einen Sprung;
Hei, was bin ich für ein Jung',
Schneller noch als Hirsch und Reh

Spring' ich auf und ab die Höh',
Wer ist's, der mich fangen kann?
Tausend Hund' und hundert Mann,
Gleich will ich's mit ihnen wagen,
Soll mich keiner doch erjagen.
Und der Graf auf seinem Schloß
Hat im ganzen Stall kein Roß
Und auch keinen Reitersknecht,

Der mir nachgaloppen möcht'.
»Häslein, nimmt dich doch in acht,
Hund und Jäger schleichen sacht!
Eh' du's denkst, da zuckt es rot
Und die Kugel schießt dich tot.«
Aber's Häslein hat sich jetzt
Wie ein Männlein hingesetzt,
Schaut nicht auf und schaut nicht um. –
»Bst, wer kommt so still und stumm
Dort durch Busch und Dorn und Korn
Mit dem Stutz' und Pulverhorn?
Hu! der Jäger ist es schon!
Häslein, Häslein, spring davon,
's ist zu spät, es blitzt und pufft,
Und der Rauch steigt in die Luft,
Und das Häslein liegt, o weh!
Totgeschossen in dem Klee.«

Wie
das Häschen
mit dem stumpfigen Näschen
und weißen Röckchen und roten Söckchen
am Pföstchen im Nestchen
sitzt und endlich davonläuft

Schaut, was sitzt denn dort im Gras?
Stille, still! der Has' der Has'!

Guckt mit seinem langen Ohr
Aus dem grünen Nest hervor;

Hupft mit seinem schnellen Bein
Über Stock und über Stein!

Kommt, ihr Kinderlein, und schaut,
Wie das Nest er hat gebaut.

Ei, wie schön von Gras und Heu,
Und wie lind von Moos und Spreu.

Laßt nur schauen, was im Nest
Liegt so kugelrund und fest.

Eier, blau und grün und scheckig,
Eier, rot und gelb und fleckig,

Und ein Fladen liegt im Moos
Wie ein runder Tisch so groß.

Häslein in dem grünen Wald,
Bin dir gut und dank' dir halt.

Häslein mit dem langen Ohr,
Dank' dir tausendmal davor.

Häslein mit dem schnellen Bein,
Sollst recht schön bedanket sein.

Nächste Ostern bringt die Mutter
Wieder dir ein gutes Futter,

Daß du möchtest unsertwegen
wieder so viel Eier legen.

Osterhäslein

Der Vater spricht:

Drunten an der Gartenmauern
Hab' ich sehn das Häslein lauern.
Eins, zwei, drei: –
Legt's ein Ei,
Lang wird's nimmer dauern.
Kinder, laßt uns niederducken!
Seht ihr's ängstlich um sich gucken? –
Ei, da hüpft's –
Und dort schlüpft's
Durch die Mauerlucken,
Und nun sucht in allen Ecken,
Wo die schönen Eier stecken:
Rot und blau
Grün und grau,
Und mit Marmelflecken.

Vom Mäuslein

Die Köchin spricht zum Koch:
»Fang mir das Mäuslein doch!
Es ist nichts sicher in Küch' und Keller,
Nicht in der Schüssel, nicht auf dem Teller.
Wo 's was riecht,
Da ist es gleich,
Wo 's was kriegt,
Da frißt es gleich;
Wo ein Braten dampft,
Kommt das Mäuslein und mampft.

Unter der Bank
In den Küchenschrank
Hat es gebissen ein Loch.
Koch, fang mir das Mäuslein doch,
Und jag es wieder aus dem Haus,
In das freie Feld hinaus.
Da macht der Koch ein Gesicht,
Und spricht:
»Mäuslein, Mäuslein,
Bleib in deinem Häuslein!
Nimm dich in acht
Heut nacht;
Mach auch kein Geräusch
Und stiehl nicht mehr das Fleisch:
Sonst wirst du gefangen
Und aufgehangen.
Der Koch aber deckt zu alle
Schüsseln und stellt die Falle
Hinten im Eck
Und tut hinein den Speck.
Sperrt die Küche zu,
Geht und legt sich zur Ruh'.
Das Mäuslein aber ist ruhig,
Und wispert leis: das tu' ich!
Aber es hat nicht lang gedauert,
So kommt schon das Mäuslein und lauert

Und sagt: wie riecht der Speck so gut,
Wer weiß, ob's doch was tut?
Nur ein wenig möcht ich beißen,
Nur ein wenig möcht ich speisen.
Einmal
Ist keinmal!
So spricht fein Mäuslein und schleicht,
Bis es die Falle erreicht.
Duckt sich
Und buckt sich,
Schmiegt sich
Und biegt sich;
Ringelt das Schwänzlein
Wie ein Kränzlein,
Setzt sich
Ins Eck,
Und ergötzt sich
Am Speck.
Reißt,
Beißt,
Und speist.
Platsch, tut's einen Knall,
Und — — — zu ist die Fall'!
Das Mäuslein zittert vor Schrecken
Und möcht' sich verstecken.
Aber, wo es will hinaus,

Ist zugesperrt das Haus.
Es pfeift
Und zappelt,
Es kneift
Und krabbelt.
Überall ist ein Gitter,
Und das ist bitter.
Überall ist ein Draht,
Und das ist schad'.
Leider, leider
Kann's Mäuslein nimmer weiter;
Wär's nur gewesen gescheiter!
Unterdessen wird es Morgen,
Da kommt die Köchin und will besorgen
Den Kaffee
Und den Tee.
Da sieht sie denn, was vorgegangen,
Und wie das Mäuslein ist gefangen.
Ganz leis sacht
Schleicht sie hin und lacht:
Haben wir endlich doch erhascht
Das Mäuslein, das immer von allem genascht?
Siehst du: Einmal
Ist nicht keinmal.
Wärst du geblieben in deinem Loch,
Gefangen hätte dich nicht der Koch!

Vom klugen Mäuslein

Was schleicht im Tennen draußen?
Es geht das Kätzlein mausen.

Das Mäuslein aber sitzt im Loch,
Und schläft wohl noch und schlummert noch.

Und ist es eben aufgewacht,
So nimmt es sich gar wohl in acht

Und sagt: »Du liebes Kätzlein,
Ich kenn' dein sanftes Tätzlein,

Ich weiß es, wie du schmeichelst,
Und weiß es, wie du streichelst.

Ja, ja in allen Gäßlein
Erzählt man deine Späßlein,

Und wie vor allen Nestern
Du's machst mit meinen Schwestern.

Drum geh nur heut, mein Schätzlein,
Aufs Dach zu einem Spätzlein.

Hi, wenn das Kätzlein schnappen will
Da hält das Vöglein auch nicht still.« –

Das Mäuslein mit Gekicher
Sitzt so im Häuschen sicher,

Und ausgespottet leider
Schleicht sich das Kätzlein weiter.

Räupchen, Täubchen und Gänschen

Von dreien das beste

Spricht mein Kind: »Du, Vater, willst
Kaufen mir ein Täubchen? –
Eh' du mir den Wunsch erfüllst,
Nimm ein Seidenräupchen,

Das bis übers Jahr mir spinnt
Einen Seidenmantel!«
Sag' ich drauf: »Das wär', mein Kind,
Gar kein übler Handel!

Denn ein Täubchen, noch so sanft,
Wie es dir mag nicken,
Kann es doch nichts, als am Ranft
Deines Brotes picken.

Daß es dich zuweilen lehrt
Fein und zierlich putzen,
Das ist kein besondrer Wert
Und kein großer Nutzen.

Denn du kannst für alle Zeit
Essen ohne Täubchen,
Und auch ohne das vom Kleid
Bürsten Staub und Stäubchen.

Dieses lehrt durch Fragen dich
Und Bescheid die Mutter;
Jenes lehrt der Magen dich,
Tut's ihm ahnd nach Futter.

Lassen wirst du ohnedies
Jetzt das liebe Täubchen;
Doch es hat sein Hindernis
Auch noch mit dem Räupchen.

Hast das Räupchen du allein,
Wird es bald von innen
Über sich den goldnen Schein
Seiner Fäden spinnen.

So, schon über Nacht entschuppt
In gar schnellem Wandel,
Hat es selbst sich umgepuppt
Den gewobnen Mantel

Und zieht ihn nicht wieder aus,
Bis es einst möcht' fliegen
In die schöne Welt hinaus;
Läßt ihn dann so liegen.

Aber nun ist er zu kurz,
Fehlt ihm auch der Kragen,
Reicht ja kaum, um deinen Schurz
Dir ein Band zu schlagen.

Wolltest einen Mantel du,
Reichten viele tausend
Kaum mit ihrer Arbeit zu,
Täglich munter zausend.

Und gar manche fleiß'ge Hand
Und viel hundert Finger
Müßten sich für dein Gewand
Plagen nicht geringer.

Und am Ende wär' es doch
Nicht nach Wunsch und Willen,
Und du machtest drüber noch
Grillen dir im stillen.

Sieh, mein Kind, drum laufen wir
Nicht nach *einem* Faden,
Lieber teurer kaufen wir
Uns den Zeug im Laden.

So verdienten wir das Salz
Nicht in unsre Suppe,
Wollten wir nichts warten als
Nur der einz'gen Puppe.

Und das merk dir wohl, mein Kind,
Bist einst unter Leuten:
Was ein einz'ges Räupchen spinnt,
Hat nichts zu bedeuten,

So es gelten wollt' allein,
Wo nur gelten viele,
Die in traulichem Verein
Gehn nach *einem* Ziele.

Was du nun als Mädchen treibst,
Merk aus diesem Büchlein,
Wie du bist und wo du bleibst,
Dir das kurze Sprüchlein. —

Da du's also siehest ein,
Mein geliebtes Hänschen,
Soll, anstatt der beiden, dein
Sein ein Schnattergänschen.

Nutzen hast du vielerlei,
Wie von wenig Dingen,
In das Nest ein großes Ei
Wird 's um Ostern bringen.

Da es niedlich noch und nett,
Kannst du's wohl beraten;
Bis zur Kirchweih ist es fett
und bequem zum Braten –

Wen willst bitten du zum Schmaus,
Und wer nicht soll kommen?
Außerdem wird überaus
Dir noch manches frommen.

Gibt dir weichen, linden Flaum,
Blieb es gar auch mager,
Daß du träumen manchen Traum
Kannst auf solchem Lager.

Und, damit du's nicht vergißt
Über andern Dingen,
Manche Schreibefeder ist
In den breiten Schwingen.

Was du denkest, leicht und tief,
Zürnend oder friedlich,
Schreiben kannst du's in den Brief
Mit der Spule niedlich.

Und zu guter Letzt noch ganz
Steht ein Federschöpfchen,
Wie erwünschet, an dem Schwanz
Für dein Spinnradtöpfchen.

Damit magst du gern und oft
Salben dein Spinnrädchen;
Wie die Raupe unverhofft
Spinnen manches Fädchen.

So ist schlimm der Handel nicht,
Sind nur frisch die Sinnen.
Zwar wirst du den Mantel nicht,
Doch ein Kleid gewinnen.

Und dann in dem weißen Kleid
Selber sein das Täubchen,
Was gesponnen weich und weit
Du als Seidenräupchen.

Und so bleibe Sinn und Herz
Rein und rein dein Wandeln,
Und du magst in Scherz und Schmerz
Um die Welt nicht handeln.

Diesen Worten magst du nach
Jetzt dein Trachten lenken,
Und du wirst noch manchen Tag
An den Vater denken.

Wirst auch noch in später Zeit,
Wenn ein Myrtenkränzchen
Schmückt dein Haar, mit Freudigkeit
Denken an dein Gänschen.«

Zur Zeit

Wenn das Kind schreit

Will das Kind ein wenig warten,
Kauft der Vater einen Garten;
In dem Garten steht ein Baum,
Droben ist ein Nest von Flaum.
Drinnen sitzt ein Papagei
Tag und Nacht auf einem Ei.
Wenn er morgen weiterhüpft,
Kommt ein Vöglein rausgeschlüpft.

Potz, mit einem roten Köpflein
Und mit einem gelben Schöpflein,
Und das pappert,
Girrt
Und schnattert,
Und das plappert,
Schwirrt
Und flattert,
Just vorbei an mir,
Graden Wegs zu dir.
Will das Kind ein wenig warten,
Kauft der Vater diesen Garten etc.
(Immer wieder von vorne.)

Merk' einmal, was ich vom

Hahn

Alles dir erzählen kann.

Der Hahn in seiner Tennen
Tut herzhaft einen Schrei,
Da kommen alle Hennen
Geschwind, geschwind herbei.

Dann nennt er sie bei ihren
Zunamen allzumal
Und führet sie spazieren
Hinunter in das Tal.

Führt sie zu einem frischen
Schlücklein am Wiesenborn,
Gibt ihnen aufzutischen
Gar manches Gerstenkorn.

Und daß auch nicht der Braten
Abgehe bei dem Schmaus,
So ist er gleich beraten
Und geht aufs Jagen aus.

Ein Käfer kommt gewackelt,
Schön dunkelgrün und rot,
Da wird nicht lang gefackelt,
Herr Hahn, der schießt ihn tot.

Und schlachtet mit dem Schnabel
Den Käfer, wie ein Kalb,
Und teilt ihn ohne Gabel
Und Messer halb und halb.

Dann ruft er alle Hennen
Mit gluck, gluck, gluck zu Hauf,
Die wackeln und die rennen
Daher im schnellsten Lauf.

Und nach dem Braten recken
Sie den gestreckten Hals,
Und schlecken ihn und schmecken
Ihn ohne Salz und Schmalz.

Und wenn das Schnabulieren
Hierauf ein Ende hat,
Dann führt er sie mit ihren
Küchlein zur Ruhestatt.

Er aber vor dem Stalle
Singt noch sein Kikriki;
Und rastet nicht, bis alle
Auch eingeschlafen hie.

Dann legt er auf die Seiten
Den zunderroten Kamm,
Daß morgen er beizeiten
Den Bauern wecken kann.

Göckelhahn

Kikrikik, ihr Leute steht –
Auf! und an die Arbeit geht!
Springet aus der dumpfen Kammer,
Hebt das Beil und schwingt den Hammer,
Führt den Pfriemen und die Nadel,
Und macht alles ohne Tadel!
Kikrikik, es ist schon hell,
Rüstig auf und schaffet schnell!«

Und der Hahn ruft immer dreister,
Bis da Jung', Gesell und Meister
Lustig in die Werkstatt springen,
Beil und Keil und Hammer schwingen,

Riem' und Pfriem' und Nadel führen
Und sich tummeln und sich rühren.

Kikrikik, jetzt ist er still,
Weil kein Mensch mehr schlafen will.

Abendglöcklein

Glöcklein, Abendglöcklein, läute
  Frieden, Freude
Allen Menschen zu.
Helle laß dein Lied erschallen
Und bring' allen
  Eine sanfte Ruh'.
Ruhe dem, der sorgt und weint,
Ruh' dem Freund und auch dem Feind.
Allen Lieben bringe du
Ruhe, und mir auch dazu.

Wie
die Lerche
über Berge
sich schwingt und singt.

Die Lerche hat erspüret
Ein Würmlein in dem Feld.
Nun weiß sie, daß gebühret
Auch Dank dem Herrn der Welt.

Nun rauscht sie aus den Schlüften
Und Furchen schnell hervor,
Und schaukelt sich in Lüften
Und schwingt sich hoch empor.

Und singt und jubilieret,
So daß es schallt und gellt,
Und jauchzt und tirilieret
Dem großen Herrn der Welt.

Und hast du's schon gesehen,
Mein Kind, und hast's gehört,
So wirst du auch verstehen,
Was dich das Lerchlein lehrt.

Horch, mein Schätzchen, wie das Spätzchen
vor dem Fenster bittelt und bettelt.

»Guten Morgen, ihr fleißigen Mädlein!
Habt ihr gesprochen euer Gebetlein,
So gebt auch einem armen, armen Schlucker
Etwas von eurem Kaffee und Zucker.

Guten Tag, ihr fleißigen Mädlein,
Die ihr drillt und drollt euer Rädlein!
Es sitzt vor dem Fenster ein alter und ein junger
Spatz, die haben einen großen Hunger.

Grüß euch Gott, ihr fleißigen Mädlein!
Guten Appetit zu eurem Brätlein,
Wir wollen euch nur kürzlich ansagen:
Wir haben auch einen leeren Magen.

Guten Tag, ihr fleißigen Mädlein!
Ei, wie hispelt und haspelt ihr euer Fädlein.
Wir haben wohl einen braunen Kittel,
Aber zum Schnippen und Schnappen keine Mittel.

Guten Abend, ihr fleißigen Mädlein!
Ei, wie nädelt und fädelt ihr euer Nähtlein,
Macht nur ein warmes Röcklein und ein Söcklein,
Und gebt uns ein gutes übriges Bröcklein.

Gute Nacht, ihr fleißigen Mädlein!
Es dustert im Städtlein, schließt euer Lädlein,
Und schlaft und schlummert, und träumet bis
morgen,
Dann mögt ihr wieder aufs Spätzlein horchen.

Vögelein im Winter

Es lag ein tiefer Schnee,
Gefroren war der See,
Der Wind blies kalt und schaurig. –
Da saß ein Vöglein traurig
Auf einem Ast im Wald:
»Verhungern muß ich bald,
Wenn lang die Tage währen,
Wer soll mich auch ernähren?

Das war gesprochen kaum,
Da stund ein großer Baum
Voll roter Vogelbeeren,
Die durft' es alle leeren.
Nun schrie es nimmer kläglich,
War froh und munter täglich,
Und hat auch unterdessen
Sein Liedchen nicht vergessen.
Hat oft sich aufgeschwungen
Und Lob und Dank gesungen.

Wie das

Finklein

das Bäuerlein

im Scheuerlein

besucht.

Bäuerlein, Bäuerlein, tik, tik, tak,
Hast 'nen großen Habersack,
Hast viel Weizen und viel Kern,
Bäuerlein, hab dich gar zu gern!

Bäuerlein, Bäuerlein, tik, tik, tak,
Komm' zu dir mit Sack und Pack,
Komm' zu dir nur, daß ich lern',
Wie man ausdrischt Korn und Kern.

Bäuerlein, Bäuerlein, tik, tik, tak,
Ei, wie ist denn der Geschmack
Von dem Korn und von dem Kern,
Daß ich's unterscheiden lern'.

Bäuerlein, Bäuerlein spricht und lacht:
Finklein, nimm dich nur in acht,
Daß ich, wenn ich dresch' und klopf',
Dich nicht treff' auf deinen Kopf!

Komm herein und such und lug,
Bis du satt hast und genug;
Daß du nicht mehr hungrig bist,
Wenn das Korn gedroschen ist.

Vom listigen Grasmücklein,
ein lustiges Stücklein

Klaus ist in den Wald gegangen,
Weil er will die Vöglein fangen;

Auf den Busch ist er gestiegen,
Weil er will die Vöglein kriegen.

Doch im Nestchen sitzt das alte
Vögelein just vor der Spalte,

Schaut und zwitschert: »Ei der Taus' –
Kinderlein, es kommt der Klaus!

Hu mit einem großen Prügel,
Kinderlein, wohl auf die Flügel!«

Prr, da flattert's: husch, husch, husch,
Leer das Nest, und leer der Busch.

Und die Vöglein lachen Klaus
Mit dem großen Prügel aus.

Daß er wieder heimgegangen,
Zornig, weil er nichts gefangen;

Daß er wieder heimgestiegen,
Weil er konnt' kein Vöglein kriegen.

Arm Vögelein.

Armes, eingesperrtes Vöglein,
Bist gefangen schon so lang!
Täglich hast du voll dein Tröglein,
Und doch ist dir 's weh und bang –
Hinter diesem Eisengitter
In dem engen, dunklen Haus.
Ach, gefangen sein ist bitter –
Möchtest in die Welt hinaus.
Nun ich tu' dir auf den Riegel,
Mach' dir auf das kleine Tor. –
Vöglein auf! wohl auf die Flügel!
Steige frei und leicht empor.
Schwinge, springe, singe wieder,
Grüße freundlich Berg und Tal,
Deine Schwestern, deine Brüder,
Froh und frei, viel tausendmal!

Vom Fröschlein

Fröschlein mit dem grünen Strumpf
Guckt hervor aus seinem Sumpf,
Lugt nach allen Seiten um:
»Ei, wie war ich doch so dumm,
Daß ich stets da drunten blieb,
Und da droben ist's so lieb:
Blau der Himmel, grün das Land,
Weich das Moos und warm der Sand,
Morgentau und Sonnenschein,
Herrlich muß es draußen sein!
Nun, ade, du dumpfes Loch,
Heute wand'r ich weiter noch.«
Flink und schnell im Saus und Braus
Rudert's aus dem Sumpf heraus,
Dann im Röhricht sitzt's und lauscht's,
Denn von weitem spritzt's und rauscht's.

Kommt der Krebs mit seiner Scheer'
Wackelnd in dem Schilf daher:
»Ei, du lustiger Gesell,
Fröschlein, sag, wohin so schnell?
Fröschlein mit dem Dudelsack,
Sag, wohin mit Sack und Pack?
Gehst du zu der alten Unk'
Dorten an dem Weidenstrunk,
Oder zu der jungen Kröt'
Dorten in der Einöd?
Drüben bei der alten Unk'
Gibt es einen frischen Trunk,
Hüben bläst die junge Kröt'
Neue Lieder auf der Flöt'.«
»Unk' und Kröte lass' ich ruh'n,
Hab' bei ihnen nichts zu tun.
Mir gefällt's nicht mehr zu Haus,
In die Welt will ich hinaus,
Kreuz und quer und überzwerch
Durch das Tal und über'n Berg,
Durch den Wald und durch das Feld,
Endlich bis ans End' der Welt.«
»Ei dich plagt der Übermut!
Wandern ist nicht allen gut!
Fröschlein, das ist gar nicht klug,
Siehst du dir daheim nicht g'nug?

Dort im Weiher, hier im Rohr,
Da im Graben, dort im Moor –
Weit und breit kein schlauer Hecht
Und kein grober Fischersknecht.
Aber Fröschlein, draußen, horch,
Lauert auf der Klapperstorch,
Und der Bauernbube fängt
Unsereinen, eh' er's denkt.
Überleg's und kehr zurück,
Denk an mich, es ist dein Glück.«
Fröschlein aber hat kein Ohr,
All das kommt ihm närrisch vor;
Glaubt dem Krebs kein einzig Wort –
Schlüpft heraus und hüpfet fort.
Übern Steg und durchs Geheg,
Immer weiter führt der Weg,
Durch die schöne, grüne Au
Unterm Himmel goldig blau.
Über weiches Gras und Moos
Springt das Fröschlein leicht und los.
Aber wie die Sonne glüht!
Fröschlein wird schon matt und müd'.
Hunger quälen es und Durst,
Aber nicht in Forst und Hurst,
Nicht im Schlag und nicht im Hain,
Nicht im Hag und nicht am Rain

Quillt ein Bronnen, rinnt ein Bach.
Fröschlein seufzet Weh und Ach!
Nirgends auf der weiten Au
Blinkt und winkt ein Tröpflein Tau.
Nirgends liegt ein Tierlein tot,
Das ihm wär' ein Mittagsbrot.
Eh' es nach dem Schnaken schnappt,
Hat's der Sperling schon ertappt;
Eh' es nach der Mücke fängt,
Hat's die Spinne schon erhenkt;
Eh' es nach dem Würmlein hüpft,
Ist die Eidechs' mit entschlüpft;
Eh' das Schnecklein es erwischt,
Huscht die Schlang' hervor und zischt. –
Und nun klappert's gar, horch, horch!
Droben fliegt und wiegt der Storch.
Hu! mit seinem langen Bein
Steigt er in das Feld hinein.
Armes Fröschlein, fasernackt,
Daß er dich nicht packt und hackt,
Und dich nicht in seinem Nest
Von den Jungen fressen läßt!
Doch zum größten Glücke noch
Neben ist der Maus ihr Loch.
Husch, da schlüpft es schnell hinein,
Und da wird es sicher sein.

Aber nun will just die Maus
In die Flur spazieren aus.
Sieht den Frosch und reißt und beißt,
Daß ihm schier der Strumpf zerschleißt,
Zwackt und zwickt und packt und pickt,
Daß sich nur das Fröschlein schickt,
Wie es wieder kommt heraus
Aus der Höhle voller Graus.
Mehr noch als des Hungers Zahn
Hat die Maus ihm weh getan.
Da ein Biß und dort ein Riß
Und dazu noch Ärgernis.
Doch der Storch ist wieder fort,
Fröschlein hüpft von Ort zu Ort.
Unter Baum und Busch und Strauch
Kommt es in ein Dörflein auch.
Gleich beim allerersten Haus
Rauscht ein Brünnlein frisch heraus;
Ei, das spritzet und das springt,
Hei, das blitzet und das blinkt,
Da ist's nimmer heiß und schwül,
Schattig ringsherum und kühl,
Zappelnd liegt ein Würmlein rot
Lockend da zum Abendrot,
Und ein Schnecklein auch dabei,
Daß doch ja kein Mangel sei.

Fröschlein duckt und setzet sich,
Gluckt und schluckt und letzet sich,
Bläst auch auf dem Dudelsack
Gick und gack und quick und quack!
Ui – da fährt das Fenster auf
Und im schnellsten Sprung und Lauf
Kommt der böse Bauernknab',
Ächzt und krächzt als wie ein Rab',
Daß arm Fröschlein Aug' und Ohr
Wie mit einemmal verlor.
Zitternd sitzt es auf dem Sand,
Und schon hat er's in der Hand:
»Fröschlein, so komm nur herein!
Kannst das Wetter prophezein.
Sieh, da ist ein helles Glas,
Ringsum frisches, grünes Gras,
Wasser auch, so viel du willst,
Das dir Durst und Hunger stillt,
Eine Leiter auch, und jetzt –
Guck! wirst du hineingesetzt.
Wenn ich Morgens nach dir schau',
Sagst du mir's aufs Haar genau,
Was wird für ein Wetter sein,
Regen oder Sonnenschein!
Und ein Mücklein fang ich dann
Meinem Herrn Kalendermann.«

Einen Deckel deckt er drauf
Jetzt mit einem schweren Knauf,
Lüpft den Hut, schlüpft in die Schuh',
Treibt den Ochsen und die Kuh
Auf den hohen Berg hinaus,
Kommt am Abend spät nach Haus,
Legt sich nieder müd und matt,
Fragt nicht, ob das Fröschlein satt,
Fängt kein Mücklein, keinen Wurm,
Läßt es schmachten so im Turm.
Wie der andre Morgen graut,
Kommt der Knabe doch und schaut:
»Ei, mein Fröschlein, guten Tag!
Sag, wie's Wetter werden mag?«
»Heut noch kommt ein Regenguß!«
Und der Knabe, voll Verdruß,
Dreht sich um und geht davon,
Hunger ist des Fröschleins Lohn.
Und so geht's ihm unverhofft,
Wenn ein Regen droht, noch oft.
Selten ihm das Büblein lockt
Und ihm vor ein Bröslein brockt,
Oder ihm ein Mücklein fängt,
Wenn er g'rad nichts andres denkt.
Und das Fröschlein denkt zu spat
An den Krebs und seinen Rat,

Wollte gern zufrieden sein
In dem Sumpfe ganz allein,
Ja, in einer Pfütze jetzt,
Würd' es frei hineingesetzt.
Und vergessen wollt' es bald
Hag und Halde, Schlag und Wald.
Doch der Turm ist fest und groß,
Läßt das Fröschlein nimmer los,
Eingesperrt sein Lebetag
Bleibt es, wie's auch jammern mag,
Und ist selber schuld daran,
Hätt's daheim nur gut getan.

Hört nur einmal an und denkt,

Wie der Geier

das

Fischlein

fängt.

Das Fischlein schwimmt im Weiher
Um einen grünen Strauch,
Und oben fliegt der Geier,
Der hat ein scharfes Aug'.

Das Fischlein denkt: »In Lüften
  Da ist es gar so schön,
Wo so viel Blumen düften
  Im Tal und auf den Höh'n.

Da unten in den Fluten
  Da ist es starr und kalt.
Ich will mich drum gemuten,
  Und aufwärts fliegen halt.«

Da schwingt es sich und schwänzelt,
  Und plätschert recht nach Luft;
Es springt empor und tänzelt
  Wie ein Tanzmeister just.

Das Fischlein in dem Weiher
  Es schaut nicht auf noch um,
Sieht oben nicht den Geier
  Und wie er kreist herum.

Das Fischlein froh und munter
  Möcht' immer noch hinauf;
Der Geier schießt herunter
  Und sperrt den Schnabel auf.

O Jammer über Jammer,
  Daß ich dich jetzt erst seh',
Wie tust mit deiner Klammer,
  O Geier, mir so weh!

So spricht's und ist verschwunden,
  Der Geier trägt es fort;
Wär's lieber blieben drunten
  Im kühlen, sichern Ort.

Und merk dir's wohl, mein Bübchen,
  Und du mein Mädchen auch:
Wenn ihr nicht bleibt im Stübchen,
  So kommt der Geier auch.

Von dem kleinen
Schnecklein
Unterm Rosenstöcklein,
In dem Dornenhecklein

Ei, wie langsam, ei, wie langsam
Kommt der Schneck von seinem Fleck!
Sieben lange Tage braucht er
Von dem Eck ins andere Eck.

Ei, wie langsam, ei, wie langsam
Steigt der Schneck im Gras daher!
Potz, da wollt' ich anders laufen
Wenn ich so ein Schnecklein wär'.

Büblein, denk nur, 's muß ja schleppen
Mit sich fort sein ganzes Haus,
Mit den Fenstern, Türen, Treppen,
Da es schlüpfet ein und aus.

Dies nimm wohl in acht, mein Büblein,
Wenn du übers Schnecklein zankst,
Könntest selber nicht dein Stüblein
Tragen, ohne daß du wankt'st.

Müßtest ganz entsetzlich schnaufen,
Kämest gar nicht von dem Fleck,
Müßtest selbst so langsam laufen
Als der Schneck von Eck zu Eck.

Wie das

Immlein

auf den Blümlein lebet und schwebet
und lustig ist im Sommer und im Winter.

In einem Garten wohn' ich,
Da gibt es vielen Honig,

Den sammelt ein das Immelein
Von zuckersüßen Blümelein,

Auf daß im kalten Winter
Nicht hungern seine Kinder.

Dann macht es auch von Wachse
Ein Bett, und nicht von Flachse;

So daß die Kleinen liegen
In einer Zuckerwiegen.

Nicht wahr, ihr möcht't auch schlafen
In einem Honighafen?

Dann dürft' man euch nie wecken,
Ihr würdet immer lecken.

Doch wollt ihr mehr noch hören,
So dürft ihr mich nicht stören.

Wo Süßes ist zu haschen,
Da will das Immlein naschen.

Es summet in den Wäldern,
Und hummet auf den Feldern.

Es irret in den Schlüften
Und schwirret auf den Triften.

Auch flieget auf die Äckerlein
Das winzig kleine Schleckerlein.

Denn wo ein Blümlein wanket,
Das Immlein kommt geschwanket.

Wo hin sich neigt ein Hälmlein,
Da setzt sich drauf das Schelmlein.

Wo eine Blüte lächelt,
Das Immlein kommt gefächelt.

Wo aus ein Knösplein schlüpfet,
Das Immlein kommt gehüpfet.

Und wo ein Zweiglein schaukelt,
Das Immlein kommt und gaukelt.

Und wo ein Bäumlein rauschet,
Das Immlein kommt und lauschet,

Und hummet, summet, brummet
Im Heu und auch im Grummet;

Und jedes Blumenbecherlein
Trinkt aus das durst'ge Zecherlein.

Nun hat es keine Taschen
Und hat auch keine Flaschen.

Drum trägt's an seinen Füßen
Den Honig heim, den süßen.

Jetzt aber fehlt ein Teller
Und auch ein kühler Keller.

Drum macht's mit seinem Rüsselein
Von Wachs ein rundes Schüsselein,

Viel schöner noch als alle
Trinkgläser von Kristalle.

Doch horcht, viel mehr noch weiß ich,
Wie 's Immlein ist so fleißig.

Es weiß, wie mit dem Safte
Man umgeh' und wirtschafte,

Und hört die ganze Wochen
Um viel nicht auf zu kochen.

Kein Kochbuch dazu braucht es
Und an kein Feuer haucht es.

Es dünkt sich noch viel weiser
Als selbst der Koch vom Kaiser;

Es kann der Koch vom König
Wohl gegen es nur wenig,

Und jeder Zuckerbäcker
Muß lernen von dem Lecker.

Es rafft und schafft mit Sorgen
Am Abend und am Morgen.

Doch sagt's: »Am Mittag tanz ich
Der Walzer mehr als zwanzig

Und höre nicht den ganzen
Nachmittag auf zu tanzen.

Und eh' man spielt den Kehraus,
Geht mir die Luft nicht mehr aus.

Den Takt klopft mir der Häher
Zum Walzer und zum Dreher.

Und wer muß mir aufspielen?
Die Vöglein sind's, die vielen.

Der Kuckuck mit dem Spörnchen
An seinem Fuß, bläst 's Hörnchen.

Und Fink und Star und Zeisig,
Sie musizieren fleißig.

Auch lassen Nachtigallen
Die Flöten laut erschallen.

Recht wacker hält die Wachtel
Die Viertel und die Achtel.

Dann stimmen alle Spatzen
Die Violin' und kratzen.

Doch die am besten streichen
Zum Dreher ihre Geigen,

Das sind die heitern Lerchen,
Die sich im Feld verbergen,

Die, wenn sie auf sich schwingen,
Auch noch zum Tanze singen.

Rotkehlchen und Rotschwänzchen,
Sie helfen auch zum Tänzchen.

Und bitt' ich gar die Schwalben,
Die sagen: meinethalben.

Bis endlich sanft und labend
Hernieder kommt der Abend

Und durch den Schall der Glocken
Das Dudeln kommt ins Stocken,

Daß alles rings verstummet,
Und nur der Käfer summet;

Der immer müde Schäfer,
Der faule Morgenschläfer.

Dann denk' ich an die Ruhe
Und streif' mir ab die Schuhe

Und ziehe vor das Flörlein
Und lege mich aufs Öhrlein;

Bis mich die Morgenglocken
Zur Arbeit wieder locken;

Bis mich die Morgensonne
Aufweckt zu neuer Wonne.

Denn jede Morgenstunde
Hat Honig in dem Munde.

Dann such' ich auf den Fluren
Die Tau- und Düftespuren,

Und bade mich im Taue
Wohl auf der grünen Aue,

Wo tausend Blumen wimmeln
und Wiesenglocken bimmeln.« –

Das Immlein ist gutmütig,
Doch vor dem Stachel hüt dich.

Mit einem Stachel ficht es,
Mit einem Stachel sticht es.

»Wenn man mich will beleidigen,«
Sagt's, »muß ich mich verteidigen.

Wer mir was tut, das räch' ich,
Und wer mich stört, den stech' ich!«

So sorgt es für die Kinder
Vom Frühjahr bis zum Winter:

Bis alle Blumen sterben
Und welken und verderben.

Bis daß der Baum verlieret
Sein Laub und bis es frieret;

Und Büsche sich und Hecken
Im weißen Schnee verstecken.

Dann setzt es sich gemütlich
Im Korb und tut sich gütlich

Und sagt: »War ich so fleißig,
Den Honig nun verspeis' ich.

Nicht war umsonst so flink ich,
Den süßen Honig trink' ich;

Mag's stürmen oder schneien,
Mir ist's als wie im Maien.

Ich fürcht' mich im geringsten
Nicht, wenn's auch schneit bis Pfingsten.

In warmer Stube wohn' ich,
Gebaut von Wachs und Honig.

Viel hab' ich und nicht wenig
Und bin ein reicher König.

Und tut mich's manchmal dürsten,
Ich trinke wie die Fürsten.

Und will ich ruhig schlafen,
Ich schlumm're wie die Grafen.

Und will ich fröhlich träumen,
So träum' ich von den Bäumen

Und von dem grünen Gräslein,
Wenn wieder kommt das Häslein;

Bis ich kann wieder wandern
Von einer Blum' zur andern

Und ich mich muß einwintern
Aufs neu mit meinen Kindern.«

Vom **Büblein** *und* **Käferlein**

Spann' dich, Käfer, nur
An die dünne Schnur,
Einem solchen Schelm, was kann es schaden?

Doch ich tu' es nicht,
Leicht ein Füßlein bricht
Und bleibt hangen an dem langen Faden.

Laß dich lieber los,
Kannst im feuchten Moos
Und im kühlen Tau dich wieder baden.

Am Abend

O Gott, nun möcht' ich legen
  Den müden Leib zur Ruh,
So gib mir deinen Segen
  Und Frieden auch dazu.

Du hast am frühen Morgen
  Schon meiner treu gedacht,
Nun bin ich ohne Sorgen
  Auch in der dunklen Nacht.

Behüte all die Meinen
  Vor Herzeleid und Not,
Und laß uns wieder scheinen
  Dein helles Morgenrot.

Die müden Glieder wanken
  Und sehnen sich zur Ruh,
In Loben und in Danken
  Gehn mir die Augen zu.

Die Mutter

spricht zum Kleinen:

Sag mir, du Siebenschläferlein:
Wie träumt das Maienkäferlein?
Mum, mum!
Wie lacht das Maienkäferlein?
Hum, hum!
Wie spricht das Maienkäferlein?
Rum, rum!
Wie singt das Maienkäferlein?
Sum, Sum!
Wie zankt das Maienkäferlein?
Brum, brum!

Vom Spinnlein und Mücklein
Ein trauriges Stücklein

Die Spinne hat gesponnen
Den Silberfaden zart und fein.
Du Mücklein in der Sonnen
Nimm wohl in acht die Flügelein.

Die Spinne hat gewebet
Ihr seid'nes Netz mit kluger Hand,
Wer weiß, wie lang noch lebet
Fein Mücklein, das die Flügel spannt.

Fein Mücklein, horcht, wie denkt es?
»Durchs Netz zu fliegen ist ein Spiel.«
Frau Spinne aber fängt es
Und speist es auf bei Stumpf und Stiel.

Was vom April und Mai

Es läutet Schneeglöckchen
Gar hell und fein,
Da schlüpfen die Flöckchen
In die Erde hinein.

Nach einem Weilchen
Erwachet auch
Das duftige Veilchen
Im grünen Strauch.

Nun läutet Maiglöckchen
Im Walde dicht,
Das hört auch das Döckchen
Vergißmeinnicht.

Und in dem Gewimmel
Von Blümchen der Au
Ist keins wie der Himmel
So lieblich blau.

Von allen den winkenden
Nah und fern
Hat keines so blinkenden
Guckaugenstern.

Da spricht es manierlich:
»Lieb' Bächlein, halt still,
Weil geputzt ich, so zierlich,
Mich spiegeln will.«

Doch hält nicht Schelm Bächlein,
Und eilet durchs Holz:
»Das taugt nichts, lieb' Mägdlein,
So wirst du zu stolz!«

Das Blümlein neiget
Verschämt sein Gesicht,
Und blüht unerreichet
Wunderbar licht.

Weil aber das Bächlein
zu mutwillig springt,
Es unter das Dächlein
Der Müller zwingt.

Da muß es nun treiben
Das Rad mit Gedrill,
Obgleich es nicht bleiben
Im Kämmerlein will.

Doch weil es so fleißig,
Darf's wieder fort,
Und lustwandelt reisig
Von Ort zu Ort.

Strohhalm, Kohle und Bohne

Merk auf, du kleines Schelmlein!
Ich weiß was vom Strohhälmlein:

Das ist mit noch zwei andern
Gegangen auf das Wandern.

Das eine war die Bohne
Mit einer weißen Krone,

Das andre war die Kohle
Mit einer schwarzen Sohle.

Die führten, wie es Sitte,
Das Hälmlein in der Mitte;

Sie aber hielten beide
Einmütig sich zur Seite.

So ging es über Felder
Durch Heiden und durch Wälder,

Durch Dörfer und durch Flecken
An allen End' und Ecken.

Einst kamen sie ganz munter
Ins Wiesental herunter.

Da sahen sie denn rieseln
Ein Bächlein über Kieseln.

Das murmelte und strudelte
Und plätscherte und sprudelte. –

Die Kohle sprach mit Grauen:
»Da ist nicht viel zu trauen

Und ist nicht gut zu raten
Zum Springen oder Waten.

Das Bächlein, das kann tief gehn,
Dann möcht' es allen schiefgehn.

Ich fürcht' mich vor den Fröschen,
Die könnten mich auslöschen;

Ich fürcht' mich vor den Fischen,
Die könnten mich auszischen;

Ich fürcht' mich vor den Krebsen,
Die könnten nach mir täppsen.« –

Die Bohne sprach: »Mit Schilfe
Wüßt' ich schon eine Hilfe,

Da werd' ich ohne Grauen
Ein sichres Brücklein bauen;

Und keinem wäre schwerlich
Der Untergang gefährlich.

Doch ist es zum Erbarmen,
Hab' leider keine Arme!«

Strohhälmchen sprach mit Lachen:
»Das will ich jetzt schon machen,

Ich bau' aus *einem* Stücke
Die allerschönste Brücke

Und leg' mich selbst hinüber,
Und ihr geht lustig drüber.

Zwar fehlt daran die Lander,
Doch geht ihr nacheinander,

Und haltet euch fein schicklich,
Dann geht das Ding schon glücklich!«

Strohhälmchen hat's gemacht so,
Und doch war's ausgedacht so. –

Die Bohne sprach zur Kohle:
»Mit deiner heißen Sohle

Könnt' es ein Unglück geben,
Das Feuer fürcht' ich eben.

Ich sag's, mir wär' es lieber,
Käm ich zuerst hinüber!«

Die Kohle sprach zur Bohne:
»Sollst sehn, daß ich dich schone.

Geh du zuerst zur Brücke
Und lauf wie eine Mücke,

Dann erst will ich's probieren
Und dir auch nachspazieren!«

Die Bohne ist gewackelt
Und hat nicht lang gefackelt,

Sie war mit *einem* Satze
Schon drüben auf dem Platze.

Drauf tät die Kohle sagen:
»Jetzt will auch ich es wagen,

Und will mit meinem Ranzen
Geschwind hinübertanzen!«

Sie macht sich auf den Weg hin
Und trippelt an den Steg hin,

Doch in der Mitte zaudert sie
Und mit der Bohne plaudert sie.

O, wär' sie nur gesprungen,
Es wär ihr auch gelungen —

Da fängt das Hälmlein Feuer,
Und guter Rat ist teuer.

Der Wind weht schon die Flammen
Ganz über sie zusammen.

Verbrannt ist das Strohhälmlein,
Das arme, arme Schelmlein.

Nur noch ein wenig glimmt es,
Dann fort in Stücken schwimmt es.

Die Kohle starb mit Zischen
Im Wasser, in dem frischen,

Und ist hinabgeschwommen.
Weiß nicht, wo s' hingekommen.

Doch an dem Ufer ohne
Mitleiden stund die Bohne,

Die sah die Kohle sterben
Und 's Hälmlein auch verderben.

Bat nicht den Krebs im Schilfe
Und nicht den Frosch um Hilfe.

Sie lief nicht hin und wieder; —
Sie bog sich auf und nieder,

Und trippelte und trappelte
Und zippelte und zappelte

Vor lauter Spottgelächter.
Da ging es ihr noch schlechter.

Denn weil sie gar so lachte,
Sie mittendurch zerkrachte,

Und liegt nun in zwei Teilen,
und niemand kann sie heilen.

Kein Bitten nicht, kein Belfen,
Es kann kein Doktor helfen.

Es kann kein Bader raten,
Es ist zu groß der Schaden.

Die Bohne, die liegt draus,
Das Märlein, das ist aus.

Erdbeerlein

Erdbeerlein stand im grünen Wald
Und sprach: »O Büblein, hol mich bald,
Noch bin ich frisch und rot.«
Das Büblein ist nicht kommen,
Da hat's der Schneck genommen
Und gleich gebissen tot.
Das Büblein kam nach langer Zeit,
Da fand es nur das grüne Kleid
Und hatt' ein rechtes Herzeleid.

Rettig und Rübe

Ist der Rettig mit der Ruben
  Mal spazierengangen,
Kommen da die bösen Buben,
  Woll'n den Rettig fangen.
Weil die Schlingel gar so laufen.
Kann der Rettig nimmer schnaufen,
Rennt er in die Kreuz und Quer,
  Plumpt er in den Bronnen,
  Und die Ruben hinterher
  Purzelt in die Tonnen.
Sind die wilden Gassenbuben
  Über'n Stein gestolpert,
Und hinunter in die Gruben
  Allesamt geholpert.

Springt der Rettig aus dem Bronnen
Und die Ruben aus der Tonnen,
Lachen recht die Buben aus
  Drunten in der Gruben,
  Und dann wackeln sie nach Haus,
  Rettig und die Ruben.

Jung Bäumchen

Jung Bäumchen war geklammert
  An einen Pfahl,
Darüber hat gejammert
  Es manchesmal:
O weh, die Weidenschleifen,
Wie die mich immer kneifen,
Das ist mir eine rechte Qual.

Der Gärtner hat das Junge
  Gebunden los,
Da kam der Sturm im Sprunge
  Mit Schritten groß.
Ein jedes Blättlein pflückt er,
Und ab das Bäumchen knickt er:
Nun ist der Jammer erst recht groß.

Vom argen Wind und vom armen Nußbaum

Meine lieben Kinder,
Draußen ist der Winter;
Draußen weht ein arger Wind,
Von dem laßt euch erzählen geschwind!
Der mochte den Nußbaum nicht leiden
Und blies ihn an von allen Seiten,
So daß es ihn gefroren
Und er alle Blätter verloren.
Drauf hat er ihn so angebrummt,
Als wie der Märtel, in Pelz vermummt.
Der Baum ist so erschrocken darüber,
Daß er bekommen ein arges Fieber.
Das hat ihn jämmerlich gerüttelt
Und ihn an Armen und Beinen geschüttelt,
Und hätt' er nicht so fest gewurzelt,
Er wäre selber umgepurzelt.
Da fiel ein Nüßlein, dort eine Nuß,
Bis drunten lag ein Überfluß.
Und er da stund so kahl und nackend
Als wie im Wasser ein Fröschlein quackend.
Drauf hat der Wind zum Baum gesprochen:
Jetzt darfst du ruhen zwanzig Wochen,
Derweil auch unter der weißen Decken
Deine müden Glieder ausstrecken;

Und mit allen andern Bäumen
Von Ostern und von Pfingsten träumen.
Drauf ist der zornige Wind verstummt
Und hat nicht mehr so wild gebrummt.
Der Baum ist unterdes eingeschlafen
Und hat geträumt von den Wolkenschafen,
Von schönen Blumen und Blättern und Blüten
Und war in seinem Sinn zufrieden.
Derweil ist das Christkindlein kommen
Und hat die Nüsse mitgenommen
Und hängt sie, geziert mit goldigem Schaum,
Den frommen Kindern an den Weihnachtsbaum,
Und dem Baum bringt's für die Sommerszeit
Ein weißes und ein grünes Kleid;
Und mit Duft verstopft es die Nasen
Dem Wind, daß er nimmer kann blasen.

Vom versteckten Büblein

Was hab' ich für ein Büblein
Im Sinn?
Es hat ein rundes Grüblein
Im Kinn,
Dazu ein rotes Bäckchen
Wie Glut,
Es steht sein grünes Jäckchen
Ihm gut.
Die Kläppchen und die Läppchen
Sind fein,
Doch ist ihm fast sein Käppchen
Zu klein.

Es hat sich oft geschwungen
Im Wind,
Ist hin und her gesprungen
Geschwind:
Da fiel's vom Steckengäulchen
Ins Gras;
Dort fand's nach einem Weilchen
Die Bas'
Und hat 's ins Kämmerlein tragen.
Dort liegt's –
Wer kann den Namen sagen?
Der kriegt's!

Rätsel

Ihr Kinder, horcht! Ein Späßchen!
Ich weiß ein kleines Fäßchen,
Hat keinen Spund und keinen Hahn,
Kein Reif ist um und um daran,
Drinn' aber weiß' und braunes Bier:
Wer nennt das kleine Fäßchen mir?

Wer ist so klug, wer ist so schlau?
Dem schüttl' ich was vom Bäumchen!
's ist innen gelb und außen blau,
Hat mitten drinn' ein Steinchen.

Ist weiß und zart wie Wachs
Und liegt in Holz und Flachs
Es liegt in Federn und im Stroh;
Wenn's stehn könnt', wär' die Mutter froh.

Dreiunddreißig Rätsel

Wer von euch ist klug und fleißig?
Dreiunddreißig Rätsel weiß ich.
Spitzt das Ohr und spitzt die Feder,
Und nun schreib sich auf ein jeder:

Welche Uhr hat keine Räder,
Welcher Schuh ist nicht von Leder,
Welcher Stock hat keine Zwinge,
Welche Schere keine Klinge?

Welches Faß hat keinen Reif,
Welches Pferd hat keinen Schweif,
Welches Häuschen hat kein Dach,
Welche Mühle keinen Bach?

Welcher Hahn hat keinen Kamm,
Welcher Fluß hat keinen Damm,
Welcher Bock hat keine Haut,
Welches Glöckchen keinen Laut?

Welcher Kamm ist nicht von Bein,
Welche Wand ist nicht von Stein,
Welche Kuh hat gar kein Horn,
Welche Rose keinen Dorn?

Welcher Busch hat keinen Zweig,
Welcher König hat kein Reich,
Welcher Mann hat kein Gehör,
Welcher Schütze kein Gewehr?

Welcher Schlüssel sperrt kein Schloß,
Welchen Karren zieht kein Roß,
Welches Futter frißt kein Gaul,
Welche Katze hat kein Maul?

Welcher Bauer pflügt kein Feld,
Welcher Spieler verliert kein Geld,
Welcher Knecht hat keinen Lohn,
Welcher Baum hat keine Kron'?

Welcher Fuß hat keine Zeh',
Welcher Streich tut keinem weh,
Welcher Wurf und Stoß und Schlag?
Rat nun, wer da kann und mag!

Wenn das Kind nicht schlafen will

Nun leg dich und schlaf
Wie der Knecht und die Schaf'.
Ein Knecht ist kein Graf,
Ein Graf ist kein Knecht.
Ein Star ist kein Specht,
Ein Specht ist kein Star,
Ein Flaum ist kein Haar,
Ein Haar ist klein Flaum.
Ein Strauch ist kein Baum,
Ein Baum ist kein Strauch.
Ein Wind ist kein Hauch,
Ein Hauch ist kein Wind.
Ein Roß ist kein Rind,
Ein Rind ist kein Roß.
Ein Stall ist kein Schloß,
Ein Schloß ist kein Stall.
Ein Ei ist kein Ball,
Ein Ball ist kein Ei.
Ein März ist kein Mai,
Ein Mai ist kein März.
Ein Kopf ist kein Herz,
Ein Herz ist kein Kopf.
Ein Schwanz ist kein Zopf,
Ein Zopf ist kein Schwanz.

Ein Strauß ist kein Kranz,
Ein Kranz ist kein Strauß.
Ein Dach ist kein Haus,
Ein Haus ist kein Dach.
Ein Strom ist kein Bach,
Ein Bach ist kein Strom.
Ein Turm ist kein Dom,
Ein Dom ist kein Turm.
Ein Schneck ist kein Wurm,
Ein Wurm ist kein Schneck.
Ein Loch ist kein Eck,
Ein Eck ist kein Loch.
Ein Zaum ist kein Joch,
Ein Joch ist kein Zaum.
Ein Schlaf ist kein Traum,
Ein Traum ist kein Schlaf.
Ein Bock ist kein Schaf,
Ein Schaf ist kein Bock.
Ein Pfahl ist kein Pflock,
Ein Pflock ist kein Pfahl.
Ein Berg ist kein Tal,
Ein Tal ist kein Berg.
Ein Ries' ist kein Zwerg,
Ein Zwerg ist kein Ries'.
Ein Schwert ist kein Spieß,
Ein Spieß ist kein Schwert.

Ein Rind ist kein Pferd,
Ein Pferd ist kein Rind.
Ein Greis ist kein Kind,
Ein Kind ist kein Greis.
Ein Schnee ist kein Eis,
Ein Eis ist kein Schnee.
Ein Strand ist kein See,
Ein See ist kein Strand.
Ein Meer ist kein Land,
Ein Land ist kein Meer.
Ein Schwarm ist kein Heer,
Ein Heer ist kein Schwarm.
Ein Fuß ist kein Arm,
Ein Arm ist kein Fuß.
Ein Teich ist kein Fluß,
Ein Fluß ist kein Teich.
Ein Stamm ist kein Zweig,
Ein Zweig ist kein Stamm.
Ein Has' ist kein Lamm,
Ein Lamm ist kein Has'.
Ein Laub ist kein Gras,
Ein Gras ist kein Laub.
Ein Sand ist kein Staub,
Ein Staub ist kein Sand.
Ein Sitz ist kein Stand,
Ein Stand ist kein Sitz.

Ein Pfeil ist kein Blitz,
Ein Blitz ist kein Pfeil.
Ein Block ist kein Keil,
Ein Keil ist kein Block.
Ein Hund ist kein Bock,
Ein Bock ist kein Hund.
Ein Lot ist kein Pfund,
Ein Pfund ist kein Lot.
Ein Stein ist kein Brot,
Ein Brot ist kein Stein.
Ein Bier ist kein Wein,
Ein Wein ist kein Bier.
Ein Dachs ist kein Stier,
Ein Stier ist kein Dachs.
Ein Schwab ist kein Sachs
Ein Sachs ist kein Schwab.
Ein Stock ist kein Stab,
Ein Stab ist kein Stock.
Ein Frack ist kein Rock,
Ein Rock ist kein Frack.
Ein Krug ist kein Sack,
Ein Sack ist kein Krug.
Ein Flachs ist kein Tuch,
Ein Tuch ist kein Flachs.
Ein Hecht ist kein Lachs,
Ein Lachs ist kein Hecht.

Ein Graf ist kein Knecht,
Ein Knecht ist kein Graf.
Nun leg dich hin und schlaf.

insel taschenbücher

Alphabetisches Verzeichnis

Gustave Flaubert:
Ein schlichtes Herz it 110

Caspar David Friedrich.
Auge und Landschaft it 62

Manuel Gassers
Köchel-Verzeichnis it 96

Geschichten der Liebe aus
1001 Nächten it 38

Gespräche
mit Marx und Engels
it 19/20

Goethe:
Die Leiden des jungen
Werther it 25

Goethe:
Die Wahlverwandt-
schaften it 1

Goethe:
Faust (1. Teil) it 50

Goethe:
West-östlicher Divan it 75

Johann Peter Hebel:
Kalendergeschichten it 17

Hermann Hesse:
Kindheit des Zauberers it 67

Hermann Hesse:
Leben und Werk
im Bild it 36

Hans Hillmann:
ABC-Geschichten
von Adam bis Zufall it 99

Hölderlin-Chronik it 83

Ricarda Huch:
Der Dreißigjährige
Krieg it 22/23

J. P. Jacobsen:
Niels Lyhne it 44

Kant-Brevier it 61

Marie Luise Kaschnitz:
Eisbären it 4

Erhart Kästner:
Die Lerchenschule it 57

Erhart Kästner:
Die Stundentrommel
vom heiligen Berg
Athos it 56

Erhart Kästner:
Griechische Inseln it 118

Erhart Kästner:
Kreta it 117

Erhart Kästner:
Ölberge,
Weinberge it 55

Kinderheimat it 111

Kinder- und
Hausmärchen gesammelt
durch die Brüder Grimm
it 112/it113/it 114

August Klingemann:
Nachtwachen von
Bonaventura it 89

Kropotkin:
Memoiren eines
Revolutionärs it 21

Choderlos de Laclos:
Schlimme
Liebschaften it 12

Das große Lalula it 91

Das Buch der Liebe it 82

Carl von Linné:
Lappländische Reise it 102

García Lorca:
Die dramatischen
Dichtungen it 3

Märchen deutscher
Dichter it 13

Wladimir Majakowski:
Werke I it 16
Werke II it 53
Werke III it 79

Guy de Maupassant:
Pariser Abenteuer it 106

Michelangelo:
Handzeichnungen
und Dichtungen it 147

Michelangelo:
Leben und Werk it 148

Minnesinger it 88

Mirabeau:
Der gelüftete Vorhang it 32

Eduard Mörike:
Die Historie von der
schönen Lau it 72

Guillermo Mordillo:
Das Giraffenbuch it 37

Guillermo Mordillo:
Das Giraffenbuch 2 it 71

Guillermo Mordillo:
Träumereien it 108

Christian Morgenstern:
Alle Galgenlieder it 6

Johann Karl August Musäus:
Rübezahl it 73

Mutter Gans it 28

Die Nibelungen it 14

Sulchan-Saba Orbeliani:
Die Weisheit der Lüge
it 81

Orbis Pictus it 9

Phaïcon 1 it 69

Polaris 1 it 30
Polaris 2 it 74

François Rabelais:
Gargantua und Pantagruel
(2 Bände) it 77

Rainer Maria Rilke:
Das Buch der Bilder it 26

Rainer Maria Rilke:
Duineser Elegien
Die Sonette an Orpheus
it 80

Rainer Maria Rilke:
Geschichten vom
lieben Gott it 43

Rainer Maria Rilke:
Neue Gedichte it 49

Rainer Maria Rilke:
Das Stunden-Buch it 2

Rainer Maria Rilke:
Ausgesetzt auf den Bergen des Herzens it 98

Rainer Maria Rilke:
Wladimir, der Wolkenmaler it 68

Rainer Maria Rilke:
Leben und Werk im Bild it 35

Lou Andreas-Salomé:
Lebensrückblick it 54

Wilhelm Schlote:
Das Elefantenbuch it 78

Wilhelm Schlote:
Fenstergeschichten it 103

Walter Schmögner:
Das Drachenbuch it 10

Walter Schmögner:
Das unendliche Buch it 40

Sindbad der Seefahrer it 90

Sophokles:
Antigone it 70

Sophokles:
König Ödipus it 15

Robert Louis Stevenson:
Die Schatzinsel it 65

Jonathan Swift:
Gullivers Reisen it 58

Tolstoj:
Die großen Erzählungen it 18

Iwan Sergejewitsch Turgenjew:
Väter und Söhne it 64

Mark Twain:
Tom Sawyers Abenteuer it 93

Voltaire:
Candide it 11

Richard Wagner:
Ausgewählte Schriften it 66

Robert Walser:
Fritz Kochers Aufsätze it 63

Das Weihnachtsbuch it 46

Oscar Wilde:
Die Erzählungen und Märchen it 5

Heinrich Zimmer:
Yoga und Buddhismus it 45

Zum Kinderbuch it 92

it 95

Kinder- und Hausmärchen

Gesammelt durch die Brüder Grimm

Mit Illustrationen von Otto Ubbelohde

3 Bände

»Gesammelt haben wir an diesen Märchen seit etwa dreizehn Jahren; der erste Band, welcher im Jahr 1812 erschien, enthielt meist, was wir nach und nach in Hessen, in den Main- und Kinziggegenden der Grafschaft Hanau, wo wir her sind, von mündlicher Überlieferung aufgefaßt hatten. Der zweite Band wurde im Jahre 1814 beendigt . . . Einer jener guten Zufälle aber war es, daß wir aus dem bei Kassel gelegenen Dorfe Niederzwehrn eine Bäuerin kennenlernten, die uns die meisten und schönsten Märchen des zweiten Bandes erzählte.«

Aus der Vorrede der Brüder Grimm

it 96

Manuel Gassers

Köchel-Verzeichnis

Nr. 1-20

Kochrezepte mit Betrachtungen

Mit Illustrationen von Heinz Edelmann

Vierfarbendruck

»Was die modernen Kochbücher betrifft, so verfolgte ich die Inflation, die sich auf diesem Gebiet breit macht, mit Skepsis. Ich kenne Köchinnen und Köche, die sich auf jede Neuerscheinung stürzen und ganze Bibliotheken von buntbebilderten Rezeptsammlungen besitzen; ihrem Speisezettel aber ist von diesem Überfluß wenig anzumerken. Solche Abneigung gegen das Neue gründet einerseits auf der konservativen Haltung des Kochs, erklärt sich aber andererseits auch aus der Machart dieser Bücher. Wer über einigen Kücheninstinkt verfügt, merkt gleich, daß es sich lediglich um Abgeschriebenes handelt. Ein Rezept aber, das Nachahmung verdient . . .« Hier ist die Rede von *La Cuisine*

de Madame Saint-Ange. In dieser Weise leitet *Manuel Gasser* das Geheimnis der Spiegeleier (je älter das Kochbuch, um so größer das Vergnügen, nach ihm zu köcheln) ein. [Und in ähnlicher Weise, zum Beispiel *Der gute alte Ochsenschwanz* (Es muß nicht immer Kaviar sein, wenn ganz feine und verwöhnte Leute zum Essen kommen) oder *Köstlich ist die arme Küche* (Käse, Kutteln, Bohnen, Lauch: Was schmeckt, weiß Aschenbrödel auch) oder *Der Dillfürst und die drei Gänse* (Dill und Sahne, schwesterlich vereint, verzauberten schon den Zaren-Adel) oder *Napoleon war ein Hühnerfreund* (was kann delikater sein als ein echtes Landhühnchen, das von früh bis spät Körner gepickt hat).]
Manuel Gassers Betrachtungen, Anregungen, Rezepte sind nicht nur genußvoll auszuführen, sondern bieten voraus schon den vorzüglichen Genuß der Lektüre.

it 97
Lewis Carroll
Alice hinter den Spiegeln
Aus dem Englischen von Christian Enzensberger
Mit Illustrationen v. John Tenniel

»Sechs Jahre, nachdem Alice aus dem Wunderland zurückgekehrt ist . . . wird sie zum zweitenmal ausgeschickt in befremdliche Gegenden. Aber die Landschaft ›Hinter den Spiegeln‹ ist nicht mehr so harmlos wie in ihrer ersten Reise; irgend etwas hat sich darum ins Beklemmende und Aufsässige gewendet . . . Erinnern wir uns auch, wie sich schon im Wunderland die unleugbaren Tatsachen, die Umstände, die Sprache selbst auf die Seite von Alicens Widersachern gestellt hatten. Hinter den Spiegeln aber hat sich die Tücke des Objekts organisiert; es liegt nun nicht mehr an dem besonderen Weg durch die Blumengärten, daß Alice in die Irre geführt wird, sondern daran, daß sich die Ordnung von Raum und Zeit überhaupt auf den Kopf gestellt hat.« *Christian Enzensberger*

it 98
Rainer Maria Rilke
Verstreute und nachgelassene Gedichte
aus den Jahren 1906 bis 1926

Die verstreuten und nachgelassenen Gedichte Rilkes aus den beiden letzten Lebensjahrzehnten wurden zum erstenmal 1953 in dem Band »Gedichte / 1906 bis 1926« zusammengefaßt.

Die zeitliche Abgrenzung ergibt sich aus der biographischen und werkgeschichtlichen Bedeutung des Winters 1905/1906, den Rilke im Hause des Bildhauers Auguste Rodin in Meudon bei Paris zubrachte. Da zudem gerade aus dem Jahre 1905 fast keine Gedichtaufzeichnungen mehr erhalten sind, prägt sich die Epochengrenze zwischen der jugendlichen Stufe, die etwa bis 1904 reicht, und der mittleren Schaffenszeit um so deutlicher aus. »Niemand hat ganz sein inneres Leben gekannt, keiner in seine Werkstätte gesehen. Leise ist sein Werk gewachsen, schweigsam, wie immer das Große geschieht, im Abseits ist es entstanden, wie alles Vollendete geschieht.« *Stefan Zweig*

it 99
Hans Hillmann
ABC-Geschichten von Adam bis Zufall
Bildergeschichten

Dies ist die Geschichte vom Hund, der ungefährlich gemacht wird: »Das Wort *Hund* beißt nicht.« – Was passiert, wenn störende Laute von nebenan als plastische Objekte plötzlich sichtbar durch die Wand dringen? Wie wird erreicht, daß ein Wort – wie das Wort Zufall – genau das darstellt, was es bedeutet? Hans Hillmann spielt und rechnet mit der Ähnlichkeit von Formen, die unterschiedliche Bedeutungen haben, mit Umrißveränderung durch Wechsel des Blickwinkels, der Beleuchtung, durch Bewegung, mit Erschütterungen, die Schrift entstehen lassen – und inszeniert auf diese Weise Vorgänge, die für jeden Buchstaben des Alpha-

bets zu ganz erstaunlichen, witzigen, bösartigen, raffinierten Geschichten der Verwandlung geraten.
Hans Hillmann (1925) lehrt als Professor für Graphik an der Gesamthochschule für Bildende Künste in Kassel. Seit 1953 arbeitet er für die *Neue Filmkunst Walter Kirchner.* Er wurde durch seine Plakate bekannt, die seit 1958 jährlich Ausstellungen erleben und verschiedentlich ausgezeichnet wurden (u. a.: »Grand Prix Toulouse-Lautrec«, Paris-Versailles, »Silber-Medaille« der Internationalen Plakatbiennale, Warschau). Sein Buch *Ich hab geträumt ich wär ein Hund der träumt* erschien 1970.

it 101
Die großen Detektive
Von Auguste Dupin bis Pater Brown. Detektiv-Stories
Herausgegeben von Werner Berthel
Mit zeitgenössischen Illustrationen

Bertolt Brecht zählte zu seinen wichtigsten Arbeitsmitteln englische Kriminalgeschichten und Zigarren. Wer könnte sich freisprechen von der starken Faszination, die von den großen Detektiven ausgeht? Ihr literarischer Vater ist Edgar Allan Poe. In den Erzählungen »Der Doppelmord in der Rue Morgue« und »Der entwendete Brief« ist das klassische Schema der Kriminalgeschichte vorgegeben. Ein Verbrechen ist begangen worden, die Polizeibehörden kommen mit ihren Ermittlungen nicht voran, und dann tritt er auf, der Held, der scharfäugige und scharfsinnige Detektiv. Er sieht, was die anderen nicht sehen können, er hat eine Witterung für das Verbrechen, er wird den Täter der gerechten Strafe zuführen. Meist steht ihm ein Adlatus zur Seite, der, ebenso hilflos wie wir, die Leser, die Zusammenhänge erst dann durchschaut, wenn der Meisterdetektiv sie erklärt. Nicht weniger tölpelhaft sind in der Regel die Polizeibehörden. Ihre Beamtenroutine hat sie der Logik entwöhnt. Dergestalt klassisch ist der logische Fehler, den der Polizeipräfekt von Paris in »Der entwendete Brief« begeht: »der letzte Grund seiner Niederlage liegt in der Annahme, daß der Minister ein Narr sei, weil er einigen Ruf als Dichter hat. Der Präfekt behauptet nun, daß alle Narren Dichter sind, und macht sich nur eines logischen Fehlers schuldig, wenn er zurückschließt, daß alle Dichter Narren seien.«

E. A. Poe

it 102
Carl von Linné
Lappländische Reise
Mit Zeichnungen des Autors
Aus dem Schwedischen übersetzt von H. C. Artmann

»Als ich 1961, es war in Stockholm, zum ersten Male ›Iter Lapponicum‹, das lappländische Tagebuch Carl von Linnés, zu Gesicht bekam und zu lesen begann, wurde ich . . . überrascht . . . [durch] die Frische einer erstaunlichen und unmittelbaren Poesie. *H. C. Artmann*

Carl von Linné (1707-1778) wurde durch sein Buch ›Systema Naturae‹ weltberühmt. Seine Wirkung auf die damalige Naturforschung war ungeheuer. Goethe hat einmal von ihm bekannt, nach Shakespeare und Spinoza von Linné am stärksten beeindruckt worden zu sein.

it 103
Wilhelm Schlote
Fenstergeschichten
Bilder und Texte von Wilhelm Schlote
Vierfarbendruck

Immer geradeaus? – Ja, immer geradeaus! – Und wohin kommen wir dann? – Zuerst kommen wir in ein paar Städte. – Und dann? – Dann kommen wir auf ein paar Berge. – Und dann? – Und dann kommen wir über ein paar Meere. – Und dann? – Dann sind wir wieder daheim.

»Geschichten, die bezaubern.« *Saarbrücker Zeitung*

»Witzig und schalkhaft-tiefsinnig im Text, lustig gezeichnet und schlüssig in der Logik . . . ein Kinderbilderbuch, das zum intensiven Anschauen und Lesen reizt und zum Lachen.« *Frankfurter Rundschau*

»Witz, Komik, Humor. Davon findet man wenig in deutschen Kinderbüchern.« *Christ und Welt*

it 105
Karl Arnold
Das Steuermännlein und andere Bildergeschichten

Der Simplicissimus-Zeichner Karl Arnold (1883-1954) hat neben seinen politischen und gesellschaftskritischen Karikaturen auch Bildergeschichten gezeichnet, die hier zum erstenmal in einer Auswahl vorgelegt werden. Ernst Penzoldt hat über Karl Arnold geschrieben: »Wenn er die Linie ein kleines bißchen verrückt oder verzerrt, fast kaum, so läßt er doch heimlich im Abweichenden von der Norm stets das Maß der natürlichen Wahrscheinlichkeit bestehen, den ernsthaften Bezug, ohne den kein Humor möglich.« So sind Arnolds Bildergeschichten auch keine erfundenen, sondern beobachtete Geschichten, Geschichten, die uns menschliche Verhaltensweisen erkennen lassen wollen.

it 106
Guy de Maupassant
Pariser Abenteuer. Novellen
Aus dem Französischen von Helmut Bartuschek und Karl Friese
Ausgewählt von Werner Berthel
Mit zeitgenössischen Illustrationen

»Maupassant steht als eines der nicht allzu häufigen Beispiele für einen Schriftsteller, der seine Lehrjahre ausgelöscht und der interessierten Nachwelt seinen Lernprozeß unterschlagen hat. 1880 erscheint in dem naturalistischen Sammelwerk ›Les soirées de Médan‹ seine Erzählung ›Fettklößchen‹, die sofort und einhellig als Meisterwerk gefeiert wurde. Damit war der Reigen der Maupassantschen Novellistik eröffnet.«

Hans Hinterhäuser

Guy de Maupassant (1850-1893) zählt zu den bedeutendsten naturalistischen Novellisten Frankreichs. Seine

Lehrmeister waren Flaubert und Zola. Seine Novellen sind unbestechliche Studien sozialer Zustände und des sich daraus ergebenden Verhaltens.

it 107
Oscar Wilde
Salome. Dramen, Gedichte, Schriften
Aus dem Englischen von Franz Blei u. a.
Mit Illustrationen von A. Beardsley u. a.

Oscar Wilde, der am 13. Dezember 1900 in einem kleinen Hotel in Paris starb, war einer der Dichter, die auf das ästhetische Denken und Fühlen ihrer Epoche den größten Einfluß ausgeübt haben. Nur wenige konnten sich seiner Ausstrahlung entziehen.
Oscar Wilde war Ire wie Bernard Shaw und James Joyce. Nach dem beschämenden Prozeß um die Affäre ›Bosie‹, der Zuchthauszeit in Reading kam er nach Paris, um zu sterben.
Die it-Ausgabe gibt einen Querschnitt durch das Werk des Dichters, der nach Sarah Bernhard »der größte Schauspieler seiner Zeit war«.

it 108
Guillermo Mordillo
Cartoons
Vierfarbendruck

Dieser Band sammelt einen Teil der hervorragendsten Zeichnungen dieses international anerkannten Cartoonisten.

it 109
Miguel de Cervantes Saavedra
Don Quixote
Mit Illustrationen
3 Bände

»El ingenioso hidalgo Don Quixote de la Mancha« erschien zwischen 1605 (1. Teil) und 1615 (2. Teil).
»Wenn der Don Quixote nichts anderes wäre als ein Protest gegen den romanesken Illusionismus, so wäre

er eben auch erzieherisch und rhetorisch, nur mit negativem, antiromaneskem Vorzeichen, mit Witz und Verneinung. Was Cervantes verneint, sind aber nicht die Abenteuer, nicht die Ritterlichkeit, Großherzigkeit, Schönseligkeit usw. Im Gegenteil, er liebt diese Dinge über alle Maßen, und eben darum verneint er ihre Nachahmung ... Der Don Quixote ist ein Protest gegen die falsche Poesie der Literatur im Namen der echten Poesie des Lebens ... Es gibt vielleicht kein zweites Menschheitsgedicht, das so wenig verneinend, so großherzig bejahend, so gütig verstehend zu allen lebendigen Kräften des Menschen steht ... Wer mit Cervantes lacht und fühlt, hat ihn schon verstanden, gleichviel, ob er ihn als ein Kinderbuch, als eine Unterhaltungsschrift, als Rüge und Belehrung oder als eine hohe und tiefe Dichtung auf sich wirken läßt.«

Karl Vossler

it 110

Gustave Flaubert

Ein schlichtes Herz

Drei Novellen

Aus dem Französischen von Ernst Hardt

Mit Initialen von Heinrich Vogeler

Die Ausgabe, die zuerst im Insel Verlag 1904 erschien, enthält die drei Erzählungen »Ein schlichtes Herz«, »Die Sage von Sankt Julianus dem Gastfreien« und »Herodias«.

Gustave Flaubert (1821-1880) ist der Meister des realistischen Romans in Frankreich. »Trois contes« erschien 1877. In seiner Jugend war Flaubert Romantiker, der Lord Byron nahestand und sich für Victor Hugo und Goethe begeisterte. Sein Werk zeugt von seinem Kampf zwischen romantischem Wesen und der pessimistischen Lebensekel erweckenden Einsicht in die Sinnlosigkeit romantischer Sentimentalität. Die »Drei Erzählungen« gehören zum Alterswerk, in dem realistische Nüchternheit vorherrscht.

Bemerkenswert sind Flauberts Anmerkungen zum Stil,

die für seinen Schüler Maupassant bestimmt waren: »Welche Sache man auch sagen will, es gibt nur ein Wort, um sie auszudrücken, nur ein Verbum, um sie zu beseelen, nur ein Adjektiv, um sie zu bewerten. Deshalb muß man suchen, bis man dies Wort, dies Verbum, dies Adjektiv gefunden hat . . . Um ein loderndes Feuer oder einen Baum in der Ebene zu beschreiben, bleibt man so lange vor dem Feuer oder vor dem Baum, bis sie keinem anderen Feuer oder Baum mehr gleichen.«

it 111
Friedrich Güll/Franz Pocci
Kinderheimath in Liedern und Bildern
Lieder von Friedrich Güll
Bilder von Franz Pocci

Kletterbüblein und *Gefroren hat es heuer noch gar kein festes Eis* – diese Verse zählen zum klassischen Schatz deutscher Kinderpoesie, mag uns auch der Verfasser Friedrich Güll (1812-1879) heute recht ferngerückt sein. Sein inniges Verhältnis zur deutschen Sprache, vor allem zur Volkssprache und zur Mundart, und sein Formtalent haben Güll für alle Zeit aus der Menge der dichtenden Pädagogen hervorgehoben.
Als 1836 die erste Auflage, noch mit Steinradierungen von A. Gnauth, erschien, war es Gustav Schwab, der auf Rückerts und *Des Knaben Wunderhorns* Einfluß auf Güll, seine »kindliche Unbefangenheit«, sein »besonnenes Dichtertalent« verwies, und er schrieb, der vierundzwanzigjährige Autor habe es verstanden, »in seinen Versen die Lehren, die darein verflochten sind, mit so wenig Lehrermiene und so viel Laune vorzutragen . . .« Doch vor allem ist es Franz Poccis Mitverfasserschaft seit der 2. Auflage 1846 zu verdanken, daß es diese *Kinderheimath* heute wieder gibt: Zu fast jedem der 75 Gedichte gab Pocci einen Holzschnitt dazu, und diese Illustrationen sind samt und sonders kleine Kunstwerke.

it 116
William Blake
Gedichte und handkolorierte Kupfer
›Lieder der Unschuld‹ und ›Lieder der Erfahrung‹. Zweisprachig.
Herausgegeben von Werner Hofmann

William Blake (1757-1827) war in seiner Dichtung und Graphik seiner Zeit voraus. Er empfand Bild und Wort als Einheit. Er, der als Kupferstecher begann, veröffentlichte seine Gedichte nur zögernd. Mit Illustrationen zu alten und zeitgenössischen Autoren verdiente Blake seinen Lebensunterhalt. Zu den Autoren, deren Werk er illustrierte, gehören: Dante, Vergil, Chaucer und Young neben vielen anderen. Die *Songs of Innocence* (1789) und die *Songs of Experience* (1794) stellt der it-Band zusammen.

›Innocence‹ ist für Blake der Zustand der Unschuld, wie er ihn beim Kleinkind sieht, während durch die ›Experience‹, die Erfahrung von Gut und Böse, die ursprüngliche Harmonie zerstört wird. Die Wiedergewinnung der Harmonie, die Suche nach der verlorenen Kindheit, ist fortan das Streben des Menschen.

it 117
Erhart Kästner
Kreta
Mit einem Nachwort von Heinrich Gremmels

Dieses während des Zweiten Weltkriegs entstandene, 1944 beendete Buch sollte – so war es mit dem Autor besprochen – neu aufgelegt werden. Erhart Kästner hatte die Überarbeitung begonnen; doch die Arbeit konnte er nicht beenden, er starb. Nun liegt *Kreta* im ursprünglichen Wortlaut vor: ein frühes Buch mit der »begeistert zupackenden, schwungvollen, gelegentlich sogar überschwenglichen Sprache«.

Während 1944 aus der Heimat schlimme Nachrichten eintrafen, wurde die Arbeit an diesem Buch zum Ort der Flucht: »Das Schreiben die einzige kleine Insel der

Ordnung« – so notiert Kästner zu Beginn des Jahres in Athen.
Wer von der Lektüre seines letzten Buches herkommt, vom *Aufstand der Dinge,* wird anteilnehmend erkennen, wie groß das Erlebnis war, Menschen und Dinge zu erfahren. Ungeachtet der Not der Zeit.

it 118
Erhart Kästner
Griechische Inseln
Mit einem Nachwort von Heinrich Gremmels

Nach der Vollendung des Buches *Kreta* begann Erhart Kästner die *Griechischen Inseln.* Kaum ein halbes Jahr später – im Sommer 1944 – hatte er »immerhin zehn von den fünfzehn« Inseln, die er sich vorgenommen hatte, gesehen. Die Kriegsereignisse hinderten ihn daran, den ganzen geliebten Archipel zu beschreiben.
Die Tatsache, daß er das Manuskript bis zu seinem Tode unberührt ließ, läßt vermuten, daß er es in der vorliegenden Form nicht veröffentlicht hätte, weil er sich scheute, nach seiner Meinung unausgereifte Arbeiten in Druck zu geben.
Dieser hohe Anspruch des Autors an sich selbst kann für den Nachlaßverwalter kein Maßstab sein, weil er auch die Interessen des Lesers im Auge behalten muß. Der Autor war ein Wanderer, und sein Ziel war immer Griechenland, freilich nicht das historische, sondern das landschaftliche, in dessen Gegenwart die Geschichte wie Schichten eines geologischen Aufschlusses zutage stehen.
So ist es uns zum erstenmal möglich, die ganze griechische Welt, die er sah, mit ihm zu erleben: ganz griechisch, nur dem Augenblick zugewandt und seinen Ereignissen, den begegnenden Menschen und Dingen.
Beide Bände in Kassette